Jean-Marie Kardinal Lustiger
Die Heilige Messe

W0229493

Jean-Marie Kardinal Lustiger

Die Heilige Messe

JOHANNES

Nach der französischen Ausgabe
Cardinal Jean-Marie Lustiger: La Messe
© Bayard Presse, Paris 1988
übertragen von Cornelia Capol

2. Auflage 1998
© Johannes Verlag Einsiedeln, Freiburg
Alle Rechte vorbehalten
Druck: Freiburger Graphische Betriebe
ISBN 3 89411 014 7

Zur deutschen Ausgabe

Hier wendet sich ein Bischof an seine Diözesanen – über Rundfunk, unmittelbar, engagiert. Es geht also nicht um am Schreibtisch verfaßte, ausgefeilte Texte, sondern um in spürbarer pastoraler Sorge geführte «Gespräche» (entretiens). Erst nachträglich sind sie zum Druck freigegeben worden, um dem Wunsch all derer zu entsprechen, die das gesprochene Wort meditierend vertiefen wollten.

Der Kardinal spricht von etwas, das er genau kennt und liebt: von der heiligen Messe, die er täglich feiert. Sie ist für ihn ein lebendiges und in jedem seiner Teile überaus sinnvolles, im Himmel und auf Erden verankertes Geschehen, das in seinem klar durchkomponierten Ablauf keine von Menschen, vielmehr eine von Gott für alle Menschen und Zeiten gestaltete Feier ist, «Quell und Höhepunkt des ganzen christlichen Lebens».

Das Bändchen kann seine französische Provenienz nicht verleugnen, bietet aber in seiner katholischen Kirchlichkeit auch den Nachbarn deutscher Zunge wertvolle Hilfe und Ermutigung.

Inhalt

Vor Beginn

I   *Der Kirchgang* 13

Die Sonntagsmesse 13
In der eigenen Pfarrei 15
Alle Getauften sind eingeladen 17
Der Priester, Garant Christi 19

II   *Verweis auf das von Jesus Vollbrachte* . . . 21

Das Gebet des Volkes Israel 23
Die zwei Liturgien 24
Ein Jahrtausende altes Ritual 27
Die Einheit der Messe 28

Eröffnungsriten

III   *Die Kirche, das Eingangslied, die Rolle des
Priesters* 33

Wie unsere Kirchen erbaut sind 33
Die Rolle des Priesters 34
Das Eingangslied 36
Die Psalmen, Sprache Gottes 38
Der Zelebrant, Zeichen der Gegenwart
Christi 39
Der Altarkuß 41

IV   *Im Namen Christi versammelt* 42

    Erstes Glaubensbekenntnis 42
    Die erste Segnung 43
    Gott versammelt uns 46
    Das Wort der Einführung 48

V   *Sich als Sünder bekennen* 50

    Vorbereitende Bußfeier 50
    Gott um Verzeihung bitten 52
    Das Kyrie, ein aus den Ursprüngen
    stammendes Kleinod 55
    Die Anrufung Christi 57

VI   *Der Hymnus des «Gloria» und das Gebet*
    der Versammlung 59

    Das Gloria, ein Hymnus der Dank-
    sagung 59
    Wie singt man das «Ehre sei Gott»? . . . 60
    Das Mysterium Gottes erzählen 62
    Das Tagesgebet: die gesamte Kirche . . 64
    Das trinitarische Gebet 66

Der Wortgottesdienst

VII   *Die Symphonie des Gotteswortes* 71

    Die drei Lesungen 71
    Das Evangelium 73
    Das Alte Testament 74
    Die Apostolischen Schriften 76
    Die Psalmen, Herzstück der Schrift . . . 76

VIII *Echo der Kirche auf das Wort Gottes* 79

    Die Homilie des Priesters 79
    Das Glaubensbekenntnis der Kirche . . 80
    Das allgemeine Gebet der Gläubigen:
    die Fürbitten 84

Eucharistische Liturgie

IX *Das Moment der Gabenbereitung* 89

    Die Kollekte: bezeugende Opfergabe . 90
    Darbringung von Brot und Wein 92
    Die Händewaschung 93
    Das Opfer der ganzen Kirche 94

X *Das Eucharistische Hochgebet* 97

    Ein an den Vater gerichtetes Gebet des
    Priesters 98
    Die Teilnahme der Gläubigen 99
    Das Gebet zu Christus 101
    Das Wirken des Heiligen Geistes 103

XI *Opfer der Danksagung* 104

    Wer spricht? 104
    Die Eucharistie, Opfergabe und
    Hinopferung 105
    Wer opfert? 109
    Wer wird geopfert? 110

XII *Tut dies zu meinem Gedächtnis* 113

    Das Sanctus 114

Ein messianischer Ruf 115
Das Letzte Abendmahl und die
Eucharistie heute 117
Die heilige Messe, Gedächtnis unserer
Erlösung 119

XIII Der Heilige Geist und der Leib Christi . . . 122

Die wahre Tradition 124
Der Heilige Geist macht Christus
gegenwärtig 127

XIV Kommunion und Friede Christi 130

Das Vater unser 131
Gebet und Anrufung 132
Zur vollkommenen Einheit 134
Der geschenkte und geteilte Friede . . . 136
Die Kommunionriten 137
Schweigen der Sammlung, Ruf der
Freude 139

Abkürzungen für die angeführten Konzilstexte:
Konstitution über die heilige Liturgie
«Sacrosanctum Concilium» = SC
Dogmatische Konstitution über die Kirche
«Lumen Gentium» = LG
Dekret über Dienst und Leben der Priester
«Presbyterorum ordinis» = PO

Vor Beginn

von Hagen

I

Der Kirchgang

Heute ist Sonntag, Sie zögern, sich zur Messe aufzumachen. Schließlich entschließen *Sie sich.* Sagen Sie eher, *Gott* hat *für Sie* den Entschluß gefaßt. Gott holt einen jeden aus seiner Einsamkeit, seiner Vereinsamung heraus, um ein Volk zu bilden, das aus dem Glauben lebt und in Christus seine Einheit findet. Jedesmal wenn ich mich zur Kirche begebe, um die heilige Messe zu feiern, kommen mir die Worte der Weisheit in den Sinn (Spr 9,15), die in der Rede Jesu in der Synagoge von Kafarnaum wieder anklingen (vgl. Jo 6): «Kommt, eßt von meinem Mahl und trinkt von meinem Wein, den ich mischte.» Die Person gewordene Weisheit, die «den Tisch gedeckt» hat und «von der Stadtburg rufend» (ebd.) einlädt, sie selber ist Fleisch geworden; Gottes Wort lädt uns zu seinem Gastmahl ein.

Die Kirche ist es, die Eucharistie feiert. Dazu werden die Christen von Christus zusammengerufen. Der Heilige Geist versammelt sie, um aus ihnen einen einzigen Leib zu bilden und Gott Vater Dank zu sagen.

Die Sonntagsmesse

Ich möchte Ihnen für ein vertieftes Miterleben der heiligen Messe eine erste Überlegung vorschlagen. Wiederum komme ich auf diesen Punkt zurück. Viele sind heute, so befürchte ich, in ihrem religiösen Verhalten durch Gewöhnung an «self-service» verbogen, durch die Annehmlichkeiten der «Supermärkte» und Einkaufszentren. Vor allem in der Großstadt, wo es viele Kirchen gibt. Damit will ich sagen: Supermärkte haben die längsten Öffnungszeiten, bieten die begehrtesten Artikel an, sie fügen sich dem Geschmack der großen Menge. Und dies, um ihre «Praxis» (was «Kundschaft» heißt, wie Sie in Ihrem Wörterbuch nachschlagen können) zufriedenzustellen, um diese anzulocken und sie sich zu erhalten. Ebenso soll es Leute geben, die in den Kirchen stets die der Nachfrage entsprechenden Konsumgüter erwarten, für alle und jeden, je nach den Wünschen der «Praktizierenden». Nun, meine Freunde, dieser Vergleich stimmt nicht. Die «Praktizierenden» bilden keine «Praxis», und die heilige Messe ist keine den Erfordernissen des «Marketing» anzupassende «Leistung».

Wir gehen nicht zur heiligen Messe, um unsere religiösen Gefühle zu befriedigen, auch nicht, weil wir an irgendeinem Tag oder zu einer bestimmten Stunde Lust oder ein Bedürfnis danach haben. Wir nehmen am Sonntagsgottesdienst teil (der nach altem liturgischem Brauch vom Samstagabend an gefeiert werden kann), weil der Herr uns zusammenruft, der Heilige Geist uns versammelt und Gott, unser Vater, uns seinem Sohn als Jünger gegeben hat.

Gewiß, ich weiß, eine solche Behauptung wird jene vor den Kopf stoßen, die sagen: «Heute gehe ich dorthin zur Messe, weil es mir da gefällt», oder: «Ich gehe nicht mehr zur Messe. Die Priester oder die Kirche sind schuld daran.» Derlei Reden zeigen, welche Fortschritte die Jünger Christi im Glauben zu machen haben, um im vollen Sinn katholisch zu sein.

Gott ruft uns tatsächlich Sonntag für Sonntag auf diese Weise zusammen, er will sein Volk sichtbar werden lassen, es durch das Sakrament der Eucharistie begründen. Dabei erhalten wir die Gnade, die den Kindern Gottes zugedacht ist. Denn es ist unsere Würde, unsere Berufung, Gott zu verherrlichen «in Christus, mit ihm und durch ihn». Ja, wir sollen es als Gnade erachten, von Gott dazu «erwählt» worden zu sein, zu seinem Volk zu gehören, «vor ihm zu stehen und ihm zu dienen» (Zweites Hochgebet), als der in der Kirche versammelte Leib Christi Tempel des Heiligen Geistes zu sein.

In der eigenen Pfarrei

Eine zweite Überlegung: Der sonntägliche Pfarrgottesdienst stellt den spezifischen Charakter dieser Versammlung ins Licht, als die Struktur des kirchlichen Lebens.

Die Pfarrei! Ich will mich hier nicht mit den Problemen ihrer Führung und Organisation befassen. Ich nehme die Pfarrei so, wie sie durch die fast zweitausendjährige Erfahrung des christlichen Volkes geworden ist. Die Männer und Frauen, die sich da versammeln, haben sich nicht selber ausgewählt. Gott hat sie erwählt durch ihre

15

Taufe. Sie finden sich hier zusammengebunden aufgrund einer physischen, konkreten Daseinsnähe. Sie sind «Nahe» aufgrund der lebensbedingten täglichen Bedürfnisse. Sie sollen sich gegenseitig als «Nächste» erweisen (Lk 10,36–37). Der Pfarrgottesdienst wird bei offenen Türen gefeiert: er ist jedem Christen zugänglich, während etwa religiösen Gemeinschaften oder Orden das Recht zustehen kann, die Türen ihrer Kirche zu schließen, sofern sie nicht mit einem Dienst an den Gläubigen beauftragt sind. Früher mußte man, um dem «Sonntagsgebot» (der Verpflichtung der Katholiken, am Sonntag der heiligen Messe beizuwohnen) zu genügen, die Messe in der Pfarrkirche besuchen. Sie fragen sich wohl, was hier den Unterschied ausmacht.

Eine Messe ist stets eine Messe. Aber die Gemeinschaft, die sie feiert, ist nicht bedeutungslos. Die Sonntagsmesse ist ein öffentlicher Akt der Kirche. Sie versammelt sich um ihren Bischof und die ihm bei seiner Aufgabe, die Gläubigen zu empfangen, assistierenden Priester. Jeden Sonntag macht die «Ortskirche» (nach dem zweiten Vatikanum versteht man darunter die «Diözese») die katholische Einheit des Gottesvolkes sichtbar. Jede Pfarrei feiert Eucharistie in Gemeinschaft mit ihrem Bischof und mit dem Papst. Der Bischof ist Diener und Garant dieser katholischen, zu allen Völkern und allen Menschen hin offenen Gemeinschaft.

Alle Getauften sind eingeladen

Damit komme ich zur dritten Überlegung. Um bei dieser Versammlung dabeisein zu können, muß man, nach dem Bild der Parabel, das «hochzeitliche Gewand» angezogen haben. Die heilige Messe ist eine offene Versammlung, jedem unterschiedslos zugänglich. Aber sie ist eine Versammlung von *Getauften*.

Die Eucharistie als öffentliche Feier, bei der auch Ungläubige anwesend sein können, ist aber zunächst das Sakrament der *Getauften*. Sie ist für Männer und Frauen bestimmt, die durch die Sakramente der christlichen Initiation, der Wiedergeburt, ins Mysterium Christi eingetreten sind. Nur Getaufte können mit dem «Mysterium» (ein griechisches Wort, das mit dem lateinischen «sacramentum» übersetzt wurde) des Erbarmens und der Gnade in «Kommunion» treten: mit Christus, der sich seinen Brüdern hingibt, um sie mit seinem Opfer zu vereinen. Daher durften früher die Katechumenen nur dem Anfang der Eucharistiefeier beiwohnen. Als Katechumenen bezeichnet man – heute noch – jene, die Christen werden wollen und bereits den ersten Schritt auf diesem Weg getan haben. Der Bischof hat sie gerufen und zählt sie bereits zu den Mitgliedern der Kirche als solche, die die Taufe empfangen möchten und sich auf sie vorbereiten. Sie wird ihnen gespendet, sobald sie bereit sind.

Früher hatten die Katechumenen, sobald das eigentliche eucharistische Gebet begann (bei der Gabenbereitung) die Versammlung zu verlassen.

Desgleichen die großen «Büßer» bis zu ihrer Wiederversöhnung. Christen, die durch ihre Sünde die Communio mit der Kirche gebrochen haben, hören damit nicht auf, der Gemeinschaft der Gläubigen anzugehören, dürfen aber an der Eucharistie nicht teilnehmen. Diese «öffentliche» Bußpraxis der Kirche ist seit tausend Jahren aus dem kirchlichen Leben verschwunden. Heutzutage würden wir es kaum mehr als annehmbar erachten, daß Christen sich aus Gewissensgründen im Laufe der Messe zurückziehen. Immerhin können wir uns daraus eine Lehre ableiten: solche, die sich im Zustand schwerer Sünde wissen und noch keine Verzeihung erlangt haben, auch solche, die sich im Hinblick auf den Willen Gottes in einer dauernd verqueren Situation befinden, brauchen deshalb mit der Gemeinschaft der Christen nicht zu brechen. Sie sollen auf die heilige Messe nicht verzichten, selbst wenn sie nicht kommunizieren können. Ganz im Gegenteil. Sie brauchen das Gebet und die Liebe der Kirche in ihrer Prüfung. Selbst wenn sie den Leib des Herrn nicht empfangen, können sie sich als auf Erbarmen hoffende Sünder mit der Eucharistie, dem vollkommenen Gebet der Kirche vereinen. Sie sollen ihren Anteil an Freude haben – selbst wenn diese für sie von einer geheimen Trauer gezeichnet ist – Anteil an der Brüderlichkeit, die eine christliche Versammlung mitbegründet.

Schließlich noch ein vierter Gedanke: Es gibt keine eucharistische Versammlung ohne das priesterliche Amt. Durch das Sakrament der Weihe erhält der Priester Anteil am Auftrag der Apostel, der zwölf Säulen der Kirche. Warum ist sein Amt für die Eucharistie erforderlich? Der geweihte Diener – Bischof, Nachfolger der Apostel, oder Priester – vermittelt dem durch Gott zur Kirche versammelten Volk Christus selbst, der in diesem Sakrament, durch den Mund des Priesters, als Haupt seines Leibes handelt. Durch sein Amt erkennt und empfängt sich die Versammlung der Getauften in der Eucharistiefeier immer neu als Leib Christi. Der Priester ist der *unerläßliche* Garant für die Kirche, damit sie die Gewißheit hat, daß ihre eucharistische Feier die Feier *Christi* ist, daß das Wort, an dem sie teilhat, das von *Christus* geschenkte ist, daß ihre Einheit die Einheit *Christi* ist, der verzeiht und seine Brüder liebt. Wir werden noch Gelegenheit haben, im Lauf der folgenden Kapitel über das Priesteramt nachzudenken.

Hier möchte ich den Fragen, die Sie sich zur heiligen Messe stellen können, dem Verlauf der Feier entsprechend nachgehen, von ihrem Anfang bis zum Ende. Andere Bücher können Ihre Kenntnisse ergänzen. Doch als erstes: Was geht bei der heiligen Messe vor sich? Warum sind die Räume, die Gegenstände so angeordnet? Was bedeuten die Gebärden, die Worte der einen und der andern? Ich hoffe, auf diese Weise werden Sie aus Ihrer Teilnahme an der Eucharistie größeren Gewinn ziehen und jeden Sonntag mit mehr Freude am Gebet teilnehmen können – ja vielleicht tagtäglich, falls Gott Ihnen die Gnade dazu schenkt.

II

Verweis auf das von Jesus Vollbrachte

Jeden Sonntag betreten wir die Kirche, um an der heiligen Messe teilzunehmen. Ebensooft wie unlängst noch manche das Kino besuchten. Und doch gibt es in der Kirche keinen «Programmwechsel», obwohl im Lauf der Jahrhunderte die Formen sich gewandelt haben. Weshalb bleibt der Ablauf der Liturgie letztlich relativ unverändert?

Betreten wir einen Saal, um uns ein Schauspiel anzusehen, oder einfach das Speisezimmer für ein Familienfest, für eine Begegnung mit Freunden, so ist das, was unsere Aufmerksamkeit weckt und uns behaglich verweilen läßt, das unerwartet Neue, das unterhaltsam Überraschende. Bei der Messe ist es das Gegenteil. Nicht als wären damit Wiederholung oder Langeweile vorgegeben. Aber wir wissen, allen Veränderungen im Laufe der Geschichte zum Trotz, werden wir eine festgefügte Liturgie vorfinden: die Eucharistiefeier ist durch ihren Verweis auf Jesus eine «kodifizierte» Handlung, nicht bloß ihrer Absicht nach, sondern bis hinein in ihre Gebärden, Haltungen und Ausdrücke.

Wie Paulus in seinem Ersten Brief an die Korinther schreibt (11,23–25): «Denn ich habe vom Herrn empfangen, was ich euch dann überliefert habe: Jesus, der Herr, nahm in der Nacht, in der er ausgeliefert wurde, Brot, sprach das Dankgebet, brach das Brot und sagte: Das ist mein Leib für euch. Tut dies zu meinem Gedächtnis! Ebenso nahm er nach dem Mahl den Kelch und sprach: Dieser Kelch ist der Neue Bund in meinem Blut. Tut dies, sooft ihr daraus trinkt, zu meinem Gedächtnis!»

Die Eucharistiefeier vergegenwärtigt den versammelten Jüngern Christi, was Jesus selbst getan hat.

Es geht nicht darum, Worte endlos zu wiederholen, wie man Kindern eine Lektion einpaukt. Es gilt, diese Worte Jesu, diese Tat Jesu inmitten der in seinem Namen versammelten Männer und Frauen Wirklichkeit werden zu lassen, hier und jetzt. In der Kirche schenkt uns Jesus durch seine geweihten Diener, was er den Zwölf vor nun zweitausend Jahren geschenkt hat. Jesus schenkt uns heute, was er uns schon am letzten Sonntag, vor einem Monat, vor einem Jahr geschenkt hat, was er den Menschengeschlechtern vor uns gegeben hat und denen geben wird, die nach uns leben werden, überall und allzeit, bis er wiederkommt.

Was Jesus an einem Tag inmitten der Zeit ein für allemal vollbracht hat, das vollbringt er immerfort unter uns und für uns, ja er bezieht uns in diesen einmaligen Akt mit ein. Wenn wir am Ende dieses zweiten Jahrtausends Eucharistie feiern, sind wir Jesus weder näher noch ferner, als es in ihren Anfängen die Kirche von Rom oder von Lutetia waren. Nicht die verflossene Zeit ist das Maß des Abstands, sie ist nicht einmal das Band, das die Christen mit Christus vereint, sondern die Treue und der Glaube der Christen an das, was Christus heute in seiner Kirche vollbringt.

Bei der Eucharistiefeier vollziehen wir somit das, was Jesus getan hat. Aber wir müssen noch weiter in die Zeit zurücksteigen. Wenn nämlich Jesus selber so gehandelt hat, dann weil schon sein eigenes Gebet – das Gebet, das er uns übermittelt hat – das Gebet des Volkes Israel war, gestaltet und genährt von Gebärden und Worten, der Gegenwart all dessen, was Gott bereits für sein Volk vollbracht hat.

Schließlich können wir ja unser Verwiesensein auf Jesus nur verstehen, wenn wir den Verweis auf Maria, seine Mutter, verstehen, auf die Tochter Zion, die ihn auf diese bestimmte Weise beten gelehrt hat. Anhand der heiligen Geschichte ihres Volkes lehrte sie ihn «die Wege Gottes» und unterrichtete ihn über seine ihm gehörenden «himmlischen Reichtümer», ihn, Jesus, der als Gottes und Marias Sohn «die Fülle» (vgl. Kol 1,19; Eph 1,23), «der Erbe» (vgl. Mt 21,38; Hebr 1,2; Gal 4,1–7) und «der treue Zeuge» (Apk 1,5) ist.

Wir feiern also, was Jesus getan hat, er selber aber feiert die liturgischen Riten und betet nach der Überlieferung des Volkes Israel. Diese Überlieferung wird in Jesus zu unserer eigenen Art zu feiern und zu beten.

So etwa das «Vater unser», das Gebet, das die Christen aller Sprachen und Zeiten beten, ohne es immer richtig zu verstehen und seine Tragweite wahrzunehmen. Dennoch wiederholen wir diese Worte seit zweitausend Jahren, weil es Worte Jesu

sind. Und ihr Reichtum besteht auch darin, daß
sie mehr beinhalten, als wir zu erfassen und auszudrücken fähig sind. Wir treten in Jesu eigenes
Gebet ein: das heißt christlich beten. Im «Vater
unser» greift Jesus auf persönliche und einzigartige, es verdichtende Weise, das rituelle Gebet der
«Siebzehn Segnungen» auf, das er in seiner Kind-
heit, in der Schule seiner Mutter, gelernt hat.

So auch beim Abendmahl: Jesus folgt dem
Ritual des Sabbat- oder Paschamahles.

Die zwei Liturgien

Unsere Eucharistiefeier verbindet zwei verschiedene Liturgien, an denen Jesus teilgenommen
oder die er gefeiert hat, und bringt sie auf origi-
nelle Art zusammen.

Die erste ist die *Liturgie der Synagoge.*

Diese versammelt, namentlich jeden Sabbat,
jede jüdische Gemeinde. In etwa ist sie mit dem zu
vergleichen, was wir heute als «Wortgottesdienst» bezeichnen. Sie besteht aus dem Gesang
der Psalmen, aus Bitt- und Segensgebeten und
hauptsächlich aus der regelmäßig und einem bestimmten Zyklus folgenden Lesung des Wortes
Gottes. Man liest nicht irgend etwas, je nach der
Stimmung des Tages, sondern durchwandert das
Wort Gottes wie ein kostbares Erbe und nährt sich
mit Eifer von ihm.

Die Gläubigen, auf den Stufen eines Halbkrei-
ses oder eines Vierecks versammelt, blicken sich
gegenseitig an. Der Vorsteher – stets hat einer der

Liturgie vorzustehen – sitzt an erhöhter Stelle. Vor der Versammlung steht das Lesepult, der Ambo. Ein «Tabernakel», am Ehrenplatz, enthält die Schriftrollen der Tora, des Gotteswortes. Denken Sie, wenn Sie wollen, an die Anlage syrischer Kirchen oder hierzulande an einen Mönchschor. Was geschieht nun?

Hören wir Lukas, der uns gewissermaßen den ersten Teil der Messe schildert, die Wortliturgie: «Er ging, wie gewohnt, am Sabbat in die Synagoge. Als er aufstand, um aus der Schrift vorzulesen, reichte man ihm das Buch des Propheten Jesaja. Er schlug das Buch auf und fand die Stelle, wo es heißt: ‹Der Geist des Herrn ruht auf mir, denn der Herr hat mich gesalbt. Er hat mich gesandt, damit ich den Armen eine gute Nachricht bringe…› Dann schloß er das Buch, gab es dem Synagogendiener und setzte sich… Da begann er, ihnen darzulegen: heute hat sich das Schriftwort, das ihr eben gehört habt, erfüllt» (Lk 4,16–22).

Jesus verkündet das Wort Gottes und meldet seine Erfüllung.

Die andere Form der Feier ist das *Sabbatmahl* oder, besser und feierlicher, das *Paschamahl*.

Dies ist ein Festmahl, ein rituelles Mahl, läßt keinerlei Raum für Improvisationen. Alles ist aufs sorgfältigste vorbereitet und geregelt. Jesus weiß das, und die Evangelien zeigen es uns, Lukas zum Beispiel (22,7–12): «Dann kam der Tag der Ungesäuerten Brote, an dem das Paschalamm geschlachtet werden mußte. Jesus schickte Petrus und Johannes in die Stadt und sagte: Geht und bereitet das Paschamahl für uns vor, damit wir es gemeinsam essen können. Sie fragten ihn: Wo sollen wir es vorbereiten? Er antwortete ihnen: Wenn ihr in die Stadt kommt, wird euch ein Mann begegnen, der einen Wasserkrug trägt. Folgt ihm in das Haus, in das er hineingeht, und sagt zu dem Herrn des Hauses: Der Meister läßt dich fragen: Wo ist der Raum, in dem ich mit meinen Jüngern das Paschalamm essen kann? Und der Hausherr wird euch einen großen Raum im Obergeschoß zeigen, der mit Polstern ausgestattet ist. Dort bereitet alles vor!»

Die Vorschriften sind äußerst genau. Die Bereitung des Mahles war Sache der Herrin des Hauses. Daher konnte katholische Frömmigkeit auf den Gedanken kommen, Maria sei bei dem Letzten Abendmahl dabei gewesen. Denn es ist Aufgabe der Herrin des Hauses, nicht nur die Speisen zu bereiten, sondern auch das Tafelgeschirr und die erforderlichen Schalen herzurichten und, nach einem ehrwürdigen und unumstößlichen Ritual zur Erinnerung an die Befreiung des Volkes aus Ägypten, dem Gedächtnis des Pascha, die Kerzen anzuzünden. Heute, in unserer Liturgie, lesen wir diesen Bericht im 12. Kapitel des Buches Exodus anläßlich der Feier des Abendmahls des Herrn am Hohen Donnerstag.

Ein Jahrtausende altes Ritual

Dieses Ritual, schon zu Christi Zeiten mehr als tausend Jahre alt, ist überaus bewegt und geschichtsträchtig. Seine Worte waren bestimmt und präzis genug, damit die von Jesus vorgenommenen Veränderungen sich bedeutungsvoll, ja überraschend davon abheben. Jesus hat nicht irgend etwas Beliebiges gesagt oder getan, nicht rein zufällig nach einem Stück Brot auf dem Tisch gegriffen!

Als wirkliche Mahlzeit mit dem jährlich im Tempel geopferten Paschalamm begann das Ritual mit der Segnung des Brotes in Form von großen Hostien von zwölf bis fünfzehn Zentimetern Durchmesser, wie wir sie heute bei wichtigen Feiern verwenden. Diese Form des liturgischen Brotes gibt es übrigens heute noch in den jüdischen Gemeinden Nordafrikas und wird auch durch alte, im Lauf der Jahrhunderte gefundene Backformen bezeugt.

Der Vorsteher beim Mahle, der Familienvater oder dessen Stellvertreter, bricht das ungesäuerte Brot und verteilt es an die um den Tisch Versammelten. Er spricht den stets bei der Feier des jüdischen Pascha wiederholten Segen: «Dies ist das *Brot der Not,* das unsere Väter in Ägypten gegessen haben».

Jesus wird sagen: «Dies ist *mein Leib,* für euch hingegeben.»

Dann nimmt die Mahlzeit ihren Gang, es folgen Gebete, Anrufungen, Danksagungen. Endlich kommt der dritte und letzte Kelch, der an die

Schlachtopfer im Tempel erinnert. Über diesen Kelch mit Wein spricht der Familienvater einen Segen, bevor er ihn den Tischgenossen reicht. Da Jesus den Kelch nimmt, sagt er dem Vater Dank und spricht: «Dies ist *mein Blut,* das Blut des Bundes, vergossen für die Vielen zur Vergebung der Sünden» (Mt 26,28).

Jesus wird sich zu Beginn und am Ende des Rituals auf ganz eigene Art beider Segnungen des Rituals bedienen. Zusammen bilden sie das Zentrum des eucharistischen Hochgebets: die Wandlung.

Die Einheit der Messe

Dies sind also, am Ursprung der Eucharistiefeier, die beiden, nach Raum und Zeit verschiedenen jüdischen liturgischen Versammlungen, wie sie Jesus selbst erlebt hat: einerseits die synagogale Liturgie des Wortes in den wöchentlichen oder täglichen Versammlungen; anderseits die Liturgie in der Familie, jede Woche als Sabbatmahl, jedes Jahr als Paschamahl.

Die christliche, das heißt die von Christus herkommende Liturgie vereint in einer einzigen Versammlung, in dem einen und selben eucharistischen Akt – der Danksagung – zugleich die Feier des Wortes und die Feier des Mahles. Mit andern Worten: in christlicher Perspektive bilden das Hören der Heiligen Schrift und das sakramentale Mahl, das Austeilen des Gotteswortes und des eucharistischen Brotes ein Einziges: Jesus, der uns das Wort schenkt, ja selber das fleischgewordene Wort ist.

Es besteht nicht nur Kontinuität, sondern eine geistige und sakramentale Einheit zwischen den beiden Teilen der heiligen Messe. Die Wortliturgie ist in Wahrheit eucharistische Liturgie, und die eucharistische Liturgie ist Wortliturgie. Denn Jesus ist es, der im Evangelium spricht und durch den Mund des Priesters sagt: «Dies ist mein Leib. Dies ist mein Blut.»

Eröffnungsriten

III

Die Kirche, das Eingangslied,
die Rolle des Priesters

Wie unsere Kirchen erbaut sind

Die Wortliturgie von der eucharistischen Liturgie
zu trennen, heißt den ursprünglichen Charakter
der Messe zerstören, den auch die Kirche aus
Stein, das Gebäude, auf seine Weise ausdrückt. Bei
aller Unterschiedlichkeit der kirchlichen Anlagen
und Ausgestaltungen je nach Epochen und Län-
dern bleibt zweierlei gemeinsam und charakteri-
stisch:

– einerseits stellt sich das Bauwerk als ein Ver-
sammlungsort dar. Seine Formen haben sich gewandelt von der großen römischen Basilika zum
Amphitheater. Doch von jedem Ort her, wo sich
die Gläubigen versammeln, soll man sehen und
hören, was vorgeht;

– anderseits und gleichzeitig ist der Bau auf den
Altar, den heiligen Tisch hin ausgerichtet, auf
dem das heilige Mahl der Eucharistie gefeiert
wird.

Eine bisher nicht dagewesene, spezifisch christliche Tatsache: eine einzige kirchliche Stätte vereint in einem einzigen Bau zwei ursprünglich
unterschiedene Funktionen. Die synagogale Liturgie war eine Liturgie der Versammlung, so
beschränkt diese auch sein mochte, während die
Liturgie des Sabbat- oder Paschamahles eine Fa-
milienliturgie war. Wenn man heute versucht ist,

diese beiden Bestandteile der heiligen Messe zu trennen (vormittags etwa in einem Begegnungs-zentrum die Wortverkündigung und abends in der Kapelle die Eucharistiefeier), bricht man buchstäblich ein Zusammengewachsenes, ein ur-sprüngliches und spezifisches Element des Chri-stentums entzwei. Das ist kein Fort-, sondern ein Rückschritt. Dasselbe geschieht, wenn man mit besten pädagogischen Absichten, zur Unterschei-dung der beiden Momente der Feier, einen ur-sprünglich als Einheit gebauten Raum zu solcher Verwendung unterteilt.

Christus selber spricht in der Verkündigung des Wortes, er selber bringt sich dar im eucharisti-schen Festmahl. So sehr, daß es keine eucharisti-sche Liturgie *ohne* Wortliturgie geben darf. Es ist also vordringlich, diese wesentliche Einheit der heiligen Messe konkret sichtbar werden zu lassen.

Die Rolle des Priesters

Aus diesem Grund ist es auch wichtig, die uner-setzliche Rolle des «Vorstehers», eines geweihten Dieners, zu beachten: des Bischofs als Nachfolger der Apostel oder eines Priesters, der am bischöf-lichen Auftrag – in der Gnade des Weihesakra-ments – teilhat.

Der Bischof oder der Priester, der «vorsteht», ist das Zeichen der Gegenwart Christi in seiner Kirche. Er bezeugt, daß in dieser Versammlung von Gläubigen Christus es ist, der versammelt, der spricht, der seinen Leib dahingibt und die

Kirche aufbaut. Und weil es nur einen Christus und Herrn der Kirche gibt, so auch nur einen «Vorsteher», somit keine kollektive Vorsteherschaft.

Ist auch der Vorsteher bei der Eucharistiefeier stets ein Priester, so sind nicht alle Priester Vorsteher. Wenn alle als Priester konzelebrieren (die Weihe ist der Gesamtheit der Bischöfe, der Gesamtheit der Priester verliehen), so ist ein einziger unter ihnen und ein und derselbe Vorsteher von Anfang der Feier bis zu ihrem Ende, sowohl in der Wortliturgie wie in der eucharistischen Feier; in seiner Person symbolisiert er die *personale* Gegenwart Christi in seiner Kirche. Wir bezeichnen ihn als den «Haupt»-Zelebranten. Nicht, als gäbe es zweitrangige Zelebranten! Vielmehr ist «Haupt» hier im etymologischen Sinn zu verstehen, als Kopf, Christus-Haupt (vgl. Kol 1,18).

Damit die christliche Versammlung sich zusammenfügen und zu dem werden kann, was sie sein soll, erfüllt der Priester im priesterlichen Akt des Vorstehens wahrhaft einen «Haupt»-Auftrag (er vertritt das Haupt). Diesen Auftrag kann sich keiner selber erteilen. Er wird am Tag der Priesterweihe von Gott her für die Kirche empfangen. Wie der Hebräerbrief es sagt (5,1): «Denn jeder Hohepriester wird aus den Menschen ausgewählt und für die Menschen eingesetzt zum Dienst vor Gott... Und keiner nimmt sich eigenmächtig diese Würde, sondern er wird von Gott berufen, so wie Aaron. So hat auch Christus sich nicht selbst die Würde eines Hohenpriesters verliehen, sondern der, der zu ihm gesprochen hat: ‹Mein

Sohn bist du. Heute habe ich dich gezeugt ... Du bist Priester auf ewig nach der Ordnung Melchisedeks›.»

Dieser doppelte Hinweis auf die eucharistische Versammlung in der Einheit ihrer Abfolge und der Einzigkeit des unersetzlichen priesterlichen Vorstehers erlaubt, tiefer in die Gebetsbewegung einzuschwingen und die verschiedenen Momente der heiligen Messe genauer und richtiger einzuordnen.

Das Eingangslied

Wir sind also in der Kirche zusammengekommen, um an der Messe teilzunehmen. Wir sind beim Eintreten aufeinander zugegangen, haben uns begrüßt und einander das Neueste mitgeteilt. Dann, sofern wir rechtzeitig kamen, haben wir uns vorzubereiten begonnen und versucht, zur innerlichen Stille zu finden. Nun aber soll die Versammlung, die wir bilden, «Gestalt annehmen». Und dies geschieht durch das, was wir gewöhnlich das Eingangslied nennen.

Geht es dabei einfach darum, die Leute in Schwung zu bringen, ihre Stimmbänder zu lokkern, eine gewisse Atmosphäre zu schaffen? Eignen sich alle Mittel dazu? Die einen werden die Orgel vorziehen, andere die Gitarre; manche werden allen Gesang ablehnen und tanzend einziehen, je nach Belieben! Doch gerade zum Beginn der Feier gilt es, nicht irgend etwas Beliebiges zu tun, sondern einen Zweck zu erfüllen. Was gewiß nicht ausschließt, daß der Priester und seine Gläubigen sich zu verständigen suchen, was aus dem reichen Angebot der kirchlichen Tradition zu wählen und für die Versammlung am besten ist. Zwischen der Möglichkeit, von dieser Freiheit Gebrauch zu machen, oder irgend etwas x-Beliebiges zu unternehmen, besteht ein zu beachtender Abstand.

Jedes Lied bei einer eucharistischen Versammlung ist ein Gebet: der Anbetung, der Buße, der Bitte, des Lobpreises; die Register sind zahlreich. Was bedeutet und bezweckt das «Eingangslied»? Kein Gesang, den der Einzelne für sich selber anhört, ist es vielmehr ein wesentlich gemeinschaftlicher liturgischer Akt, bei dem sich jeder Einzelne mit den andern zusammen einfügt in ein an Gott gerichtetes Wort. Durch diesen gemeinsamen geistlichen Akt wird eine Communio der Anbetung und der Bitte zwischen bisher getrennten und oft einander fremden Männern und Frauen geschaffen. Alle gleichzeitig und aus einem Herzen beginnen Gott zu lobsingen, gemeinsam mit demselben Gebet. Ob gut oder schlecht, das ist eine andere Frage, ob schön oder nicht, ist noch eine andere und keineswegs unerhebliche Frage, dies möchte ich unterstreichen. Im Moment will ich aber nur festhalten, wie wichtig der gemeinsame Gesang ist, um ins Gebet hineinzufinden und die Versammlung zu bilden.

Dies vorausgesetzt: Was singen? In der westlichen Kirche besteht dieses Eröffnungslied der Liturgie meist aus einem Psalm mit einem längeren, das Tagesfest kennzeichnenden Kehrvers. Im Lateinischen nannte man es *Introitus* (Eingang). Ich sagte: aus einem Psalm. Schwierig, ich weiß. Das Französische ist keine besonders rhythmische Sprache. Und zu den Fragwürdigkeiten der Übersetzung gesellen sich allerhand Schwierigkeiten musikalischer Art. Kurz, wir verfügen über keine Sammlung lebendiger, volksnaher Lieder wie unsere Nachbarländer. Die Deutschen, die Engländer besitzen in ihrer Überlieferung von den Psalmen her inspirierte Lieder oder besser noch, Psalmen, die vollends in ihr Empfinden und ihre Kultur eingegangen sind; wir andern sind in diesem Gebiet etwas im Rückstand und benachteiligt.

Doch steht fest, daß die Kirche in erster Linie die Psalmen vorgesehen hat. Über das Psalmengebet habe ich ja bereits gesprochen. Erinnern Sie sich, daß der hl. Augustinus in seinem späteren Leben durch Psalmengesang bekehrt wurde, obwohl ihre lateinische Übersetzung für diesen Humanisten barbarisch klingen mußte. Das Volk seines Bistums Hippo (bei Annaba-Bône im heutigen Tunesien) wußte die Psalmen auswendig. Ist Ihnen das vorstellbar? Die Christen jenes Landes und jener Zeit wußten die hundertfünfzig Psalmen auswendig, sie waren ihre Freude. Daraus schöpften sie ihre Speise, ihre Sprache. Die Worte, um «Gott zu sagen», haben sie in den Psalmen

gefunden, die sie auswendig gelernt und sich an-
geeignet hatten.

Auswendig wissen heißt nicht, wie ein Papagei
nachplappern, vielmehr in seinem Herzen so tief
wissen, daß die vom göttlichen Wort empfangenen Worte zu unserem eigenen Wort werden.
«Das ist unnatürlich!», werden Sie vielleicht sagen. Hören Sie, im Ernst: Haben Sie die französische Sprache erfunden? Die Worte, um sich auszudrücken, hat man Ihnen doch beigebracht. Sie
sind zu Ihren eigenen Worten geworden, zu Ihrer
Muttersprache, in der allein Sie sich restlos aus-
kennen. Ebenso muß die Sprache Gottes für uns
Christen gleichsam zu einer Muttersprache werden, zu einer Sprache, die in uns die Worte hervor-
bringt, um mit Gott zu reden und uns gegenseitig
zu verstehen, wenn wir unter Gläubigen von Gott
sprechen. Wir müssen diese Sprache Gottes lernen, sonst sind wir in Gefahr, sprachlos, stumm,
des Ausdrucks unfähig zu werden.

Wer feststellt und sich beklagt: «Ich weiß nicht,
was sagen; ich kann nicht beten», dem antworte
ich ohne Zögern: «Halten Sie sich an die Psalmen.»

Der Zelebrant, Zeichen der Gegenwart Christi

Sie begreifen nun besser, hoffe ich, wie das Singen
eines Psalms, mehr noch als eines jeden andern
Liedes oder Hymnus – denn Christus hat die
Psalmen gebetet – die Gläubigen versammelt, die
gekommen sind, um der Messe beizuwohnen.

Darauf zieht der Zelebrant ein inmitten dieser durch dieses Lied der Anbetung und der Bitte fest vereinten Versammlung. Wie diesen Einzug schildern?

Mehr noch als die bisweilen feierliche Zeremonie des Einzugs (wenn der Priester hinter dem Vortragskreuz und den brennenden Kerzen in Prozession mit Ministranten und Konzelebranten einzieht) ist dieses liturgische Schreiten, so meine ich, eine Erinnerung an den Einzug des Messias in den Tempel. Lukas hat ein besonderes Gespür dafür. Mehrmals berichtet er von der Anwesenheit Jesu im Tempel: als Neugeborener am Tag der Darstellung (2,22), als Heranwachsender anläßlich der jährlichen Wallfahrt (2,46), als vom Vater gesandter Messias, um zu lehren (19,45; 21,37; 22,53). Diese Erwähnungen sind gleichsam ein Echo auf die Ermutigungen des Propheten Sacharja, den Tempel wieder aufzubauen (6,12f).

Die Versammlung der Gläubigen ist ja bereits die Vorausgestalt des endgültigen Tempels im himmlischen Jerusalem (vgl. Apk 11,19), des geistigen, aus lebendigen Steinen erbauten Tempels, wie der Apostel Petrus sagt (1 Petr 2,4–5): «Kommt zu ihm, dem lebendigen Stein, der von den Menschen verworfen, aber von Gott auserwählt und geehrt worden ist. Laßt euch als lebendige Steine zu einem geistigen Haus aufbauen, zu einer heiligen Priesterschaft, um durch Jesus Christus geistige Opfer darzubringen, die Gott gefallen.»

Wenn der Zelebrant in die Versammlung einzieht, so bedeutet er damit, daß Christus in dieser

von den versammelten Männern und Frauen ge-
bildeten Wohnstatt gegenwärtig wird. In diesem
Augenblick ist sich die ganze Versammlung bewußt: durch ihr Zusammenkommen wird sie
zum heiligen, vom Geist bewohnten Tempel.
Christus zieht darin ein und nimmt darin Woh-
nung, indem er den Lobpreis seines versammelten
Volkes in sein Wort und in sein Opfer einbezieht.

Der Altarkuß

Nachdem der Zelebrant die Versammlung durch-
schritten hat, steigt er zum Altar empor, küßt und
verehrt ihn. Dies ist seine erste Gebärde, noch
bevor er das Wort an die Gläubigen richtet.
Warum? Weil dieser Altar – Grabstätte von Blut-
zeugen der ersten christlichen Gemeinden, Erinnerung an ihr Lebensopfer in der Erwartung der
Auferstehung – gleichzeitig Zeichen Christi ist
und Zeichen des Opfers der Danksagung, das wir
nun darbringen. Diese Gebärde der Verehrung,
die auch von Weihrauch begleitet sein kann, bedeutet, daß alles auf Christus bezogen ist, auf ihn
als Altar, als Priester und als Opfer (vgl. Hebr
4,14f; 9,14), auf ihn, der in dieser Versammlung
gegenwärtig ist.
Erst nach diesem in seiner Schlichtheit und
Wortlosigkeit so sinnreichen Altarkuß ergreift
der Zelebrant, Bruder unter Brüdern, das Wort
und grüßt die Versammlung: «Im Namen des
Vaters und des Sohnes und des Heiligen Geistes.»

IV

Im Namen Christi versammelt

Erstes Glaubensbekenntnis

Nach der Verehrung des Altars richtet sich der vorstehende Priester an die Versammlung und beginnt: «Im Namen des Vaters und des Sohnes und des Heiligen Geistes.»

Dieses erste Kreuzzeichen soll nicht mechanisch erfolgen, wie eine konventionelle Gebärde, eine stereotype, durch Gewöhnung abgenützte Formel. Es drückt nämlich, wie schon erwähnt, ein erstes Glaubensbekenntnis an das Mysterium Gottes aus. Der Ausdruck «Im Namen des ...» wird meist falsch verstanden. Fragen Sie einen Schüler, was er bedeutet, so wird er Ihnen richtig antworten: «aufgrund einer übertragenen Vollmacht..., an Stelle von..., im Auftrag von...» Dies ist gewiß die geläufige Auslegung. Im biblischen Zusammenhang aber hat er einen andern Sinn. Diese Formel kommt von einer spezifisch hebräischen Wendung her, einer Art Metapher für «der Name Gottes» oder nur «der Name» (denken Sie an die Bitte des «Vater unser»: «Geheiligt werde dein Name»), um die Wirklichkeit Gottes selbst auszudrücken, des Gottes mit dem unaussprechlichen Namen, den wir dennoch Vater, Sohn und Geist zu nennen wagen.

Die Versammlung stimmt in dieses trinitarische, ihre christliche Identität bezeugende Glaubensbekenntnis ein, indem sie dem Priester einstimmig mit «Amen» antwortet. Dieses «Amen» ganz zu Beginn der heiligen Messe begründet die Versammlung in ihrem Glaubensakt an die Wahrheit Gottes. «Amen» ist ein hebräisches Wort und bedeutet: Zustimmung zur Wahrheit.

Die erste Segnung

Darauf richtet der Zelebrant ein wundervolles Grußwort an die Gläubigen, ein Wort, das die gesamte Heilsgeschichte zusammenfaßt. Unter mehreren möglichen Formeln möchte ich zwei hervorheben:

1. «Der Herr sei mit euch» oder «Der Herr mit euch» (um die Bündigkeit des Hebräischen wie auch des Griechischen und Lateinischen besser zum Ausdruck zu bringen: es wird kein Wunsch, sondern eine Tatsache ausgedrückt).

Sie ist wohl eine der ältesten und schönsten Segnungen, die unser liturgisches Brauchtum dem geweihten Diener (Bischof, Priester, Diakon) vorbehalten hat. Sie kommt auf fast jeder Seite der Bibel vor. Mehr noch als einen Wunsch stellt sie einen Glaubensakt dar, eine Bestätigung durch die ganze Heilige Schrift hindurch: sie bezeugt die ununterbrochene Gegenwart Gottes in seinem Volk, «mit euch». Die Segnung schlechthin! «Verdichteter» Ausdruck des Bundes Gottes mit seinem Volk am Sinai.

«Der Herr mit euch» drückt tatsächlich den Mose offenbarten Namen Gottes aus. Aus Ehrfurcht hat sich weder die jüdische noch die griechische und lateinische Überlieferung erlaubt, das Tetragramm YHWH zu umschreiben. Zwei moderne exegetische Umschreibungen haben die heutigen Bibelleser zuerst an «Jehova», dann an «Jahwe» gewöhnt. Die zweite dieser Umsetzungen taugt nicht mehr als die erste, auch wenn sie die größere Genauigkeit für sich beansprucht. Die liturgische wie die ökumenische Übersetzung der Bibel wählte *«der Herr»*, während man im Lateinischen *«Dominus»,* im Griechischen *«Kyrios»,* im Hebräischen *«Adonai»* verwendete. Wie dem auch sei, dieser göttliche Name bedeutet, daß Gott mit uns ist. Er ist nicht nur die Offenbarung des göttlichen Seins, sondern der Gegenwart Gottes inmitten seines Volkes (vgl. Ex 3,14). Zu sagen: «Der Herr mit euch», heißt das Wesentliche der Offenbarung bezeugen, heißt behaupten, daß Gott sich selbst verpflichtet, seine Wohnstatt inmitten des Volkes zu errichten, heißt in Dank und Hoffnung den Bund erneuern, dessen Vermittler Mose ist. Wie es der Engel Gabriel gegenüber der Jungfrau Maria bei der Verkündigung tut: «Sei gegrüßt, du Begnadete, der Herr mit dir!» (Lk 1,28).

Wenn Jesus am Ende seines irdischen Weges zu seinen Aposteln sagt: «Ich bin bei euch bis zum Ende der Zeiten» (Mt 28,20), bedient er sich derselben Formel und wendet sie auf sich selber an. Er, der ewige, menschgewordene Sohn Gottes, bewohnt fortan den heiligen Tempel, die Kirche. Er errichtet sich seine Wohnstatt im neuen Volk, das der Heilige Geist versammelt hat.

Dieser Gruß «Der Herr mit euch», auf den die

Versammlung antwortet: «und mit deinem Geiste», nämlich: «mit dir selber», ist keine banale Formel wie «Guten Tag, mein Herr; guten Tag, meine Freunde, wie geht's?», sondern eine Begrüßung voller Kraft und Sinn und zugleich ein Glaubensakt, den der Zelebrant und die Versammlung austauschen und sich dabei den Glauben der Kirche an den «neuen und ewigen» Bund zusprechen.

2. «Der Friede sei mit euch», wörtlich: «Der Friede mit euch». (Hier nochmals: es ist mehr Bekräftigung einer Tatsache als Ausdruck eines Wunsches.)

Nach unserem liturgischen Brauch ist diese Formel dem Bischof vorbehalten. Wie allseits bekannt, ist sie der gebräuchlichste Gruß in Israel, der ebensowenig zu einer Begrüßungsfloskel banalisiert werden dürfte. Mit dem Psalmisten lassen wir uns belehren: «Ich will hören, was Gott redet: Frieden verkündet der Herr seinem Volk und seinen Frommen» (Ps 85,9).

Der Friede, wie er im Alten Testament erscheint, ist die Fülle des Lebens mit Gott; er ist das endlich in Glückseligkeit vollendete menschliche Leben, da Gott inmitten seines Volkes seine Wohnstatt aufgeschlagen hat; es ist das Leben eines verklärten Menschen dank der Freude, mit Gott unter Brüdern zu wohnen. «Der Friede mit euch» ist gleichsam die Krönung des «Der Herr mit euch».

Wenn der auferstandene Christus seinen Aposteln erscheint, spricht er zu ihnen: «Der Friede mit euch. Wie der Vater mich gesandt hat, so sende ich euch. Empfanget den Heiligen Geist»

(Jo 20,19–22). Beim Abendmahl vor seinem Leiden hat er ihnen anvertraut: «Frieden hinterlasse ich euch, meinen Frieden gebe ich euch, nicht einen Frieden, wie die Welt ihn gibt» (Jo 14,27). Denn er ist der Messias, «der Friedensfürst» (Jes 9,5), «erschienen, um uns auf dem Weg des Friedens zu führen» (Lk 1,79). Darum sagt er seinen Freunden noch in seiner letzten Rede, da sie seinem Leiden zugesellt werden sollen: «Dies habe ich zu euch gesagt, damit ihr in mir Frieden habt. In der Welt seid ihr in Bedrängnis; aber habt Mut: Ich habe die Welt besiegt» (Jo 16,33).

Gott versammelt uns

«Der Herr mit euch», «der Friede mit euch»: wenn der Zelebrant die Versammlung so begrüßt, spricht er durchaus im Namen Christi. Ein kleiner Hinweis zu diesen beiden Formeln.

Alle Priester, ich an erster Stelle, sind versucht gewesen zu sagen: «Der Herr sei mit *uns*». Wenn ich zu den Gläubigen sage: «Der Herr sei mit euch», so ist es, als schlösse ich mich aus der Versammlung aus – und welcher Gläubige hat sich nicht schon gefragt: «Warum sagt der Priester zu uns: «mit euch»? Und er selber?

Ich möchte Ihnen nun erklären, weshalb wir, die Priester, die der Eucharistiefeier vorstehen, den Mut haben müssen zu sagen: «Der Friede sei mit euch» und uns damit irgendwie von der Versammlung abzusondern, zu Unrecht, wie es Ihnen scheint. Ganz im Gegenteil, wir stellen uns so an unseren richtigen Platz, gemäß dem Amt, das wir für Sie erhalten haben. Der Zelebrant ist nicht der Wortführer der Versammlung. Er ist nicht von der Gruppe der Gläubigen «eingesetzt» worden, sondern durch den in seinen Aposteln handelnden Christus: «Nicht ihr habt mich erwählt, sondern ich habe euch erwählt und dazu bestimmt, daß ihr euch aufmacht und Frucht bringt und daß eure Frucht bleibt. Dann wird euch der Vater alles geben, um was ihr ihn in meinem Namen bittet» (Jo 15,16), sagt Jesus zu den Aposteln.

Wenn ich, der Versammlung zugewendet, Eucharistie feiere und gesprochen habe: «Im Namen des Vaters und des Sohnes und des Heiligen Geistes», und mich an Sie richte mit den Worten: «Der Herr sei mit euch», so ist es Christus, der durch meinen Mund zu seiner Kirche spricht. Ich habe also die Pflicht, ihn sich an Sie wenden zu lassen im Wissen, daß das Wort, das ich Ihnen in seinem Namen zuspreche, auch für mich bestimmt ist und ich es im selben Moment empfange, da ich es für Sie ausspreche, im gleichen Glaubensakt: Christus inmitten unserer eucharistischen Versammlung versammelt uns durch seinen Geist, um dem Vater Dank zu sagen.

Ja, wenn ich, als Ihr Bischof und als Nachfolger der Apostel, den Gruß ausspreche: «Der Friede sei mit euch», dann erfülle ich den von Gott erhaltenen Auftrag, die gesamte Ortskirche (nämlich die Diözese) in der Einheit und in der Liebe zu versammeln und so Zeichen und Garant ihrer vollen katholischen Communio mit der Gesamtkirche zu sein. Diese liturgische Formel ruft uns in Erin-

nerung, daß es ohne den Bischof und das Apostolische Kollegium unter der Autorität des Petrus-
nachfolgers keine katholische Gemeinschaft gibt.

Das sind die beiden wichtigsten Begrüßungs-
formeln. Die Liturgie bietet uns aber noch viele
andere an, die meist dem Anfang oder Ende eines
Paulusbriefs entnommen sind, wie etwa folgende:
«Die Gnade unseres Herrn Jesus Christus, die
Liebe Gottes des Vaters und die Gemeinschaft des
Heiligen Geistes sei mit euch» (2 Kor 13,13).

Alle diese schönen Formeln sind Varianten, die
das Mysterium der Dreifaltigkeit ausfalten und
die Betonung je nachdem auf den Frieden, die
Freude, stets aber auf die Gegenwart Gottes legen.
Wie immer die Eingangsbegrüßung des Zelebranten lautet, sie bekundet eine die christliche
Versammlung belebende Glaubensgewißheit:
Gott ist mitten unter uns. Er ist es, der uns versammelt.

Das Wort der Einführung

Daraufhin ist es Aufgabe des Priesters, den so
versammelten Christen zu helfen, in das eucharistische Opfer hineinzufinden, sie gleichsam «ein-
zuführen» in die Feier des Tages. Kein «einleiten-
des Wort», wie es der Sprecher zu Beginn einer
Radio- oder Fernsehsendung hält, um Hörern
oder Zuschauern den Einstieg zu erleichtern. Der
Priester muß der Versammlung helfen, tiefer in
das jetzt zu feiernde Geheimnis einzudringen, hier
und jetzt.

Jede eucharistische Liturgie schöpft ihren besonderen Charakter und ihre Neuheit bisweilen aus den Umständen, in denen die Gläubigen sich gerade befinden, oft auch aus dem Festgeheimnis (Geheimnisse des Lebens Christi oder Marias, Gedächtnis der Heiligen...), immer aber aus Gottes Wort, das an diesem Tag verkündet wird, vor allem im Evangelium.

Vom Gebet der ganzen Kirche getragen, mit Eifer und von der Heiligen Schrift genährt, soll der vorstehende Priester im Einführungswort der an diesem Tag, in dieser Messe versammelten Kirche den Pulsschlag des kirchlichen Gebetes vermitteln. Es kann der Kernsatz des am heutigen Sonntag verkündeten Evangeliums sein. Der Zelebrant scheue sich nicht, ihn schon jetzt als Leitmotiv vorzulesen; Gottes Wort selbst wird den Gläubigen zeigen, in welcher Richtung sich ihr Gebet zu wenden hat.

V

Sich als Sünder bekennen

Vorbereitende Bußfeier

Der Priester lädt die Versammlung ein, vor allem um die Gnade eines reumütigen Herzens zu bitten. Dies ist mit der Einladung zum «Schuldbekenntnis» gemeint.

Ein weiterer sogenannter «Bußritus» findet nach der Gabenbereitung statt und ist für den Zelebranten allein vorgesehen: die Händewaschung (vgl. unten Kp. XI). Was bedeutet, zu Beginn der Eucharistiefeier, das allgemeine Schuldbekenntnis? Im Moment, da Christus, der Herr der Heiligkeit – «der euch berufen hat, ist heilig» (1 Petr 1,15) – uns versammelt, um uns durch die Gabe seines Leibes und Blutes und durch Kommunion mit seinem Opfer die Fülle seines Lebens mitzuteilen, stellt uns dieser Vorgang an den uns zukommenden Platz: wir gehören zu einem Volk von Sündern, das durch Christus geheiligt ist. Dazu muß auch jeder, mit Hilfe der Gnade, erkennen, daß er gesündigt hat, er muß im Verborgenen seines Herzens feststellen, was in ihm Ablehnung Gottes ist, und dies dem Erbarmen Gottes übergeben, damit es im Feuer seiner Liebe verbrenne.

Gewiß, dieser Bußakt zu Beginn der heiligen Messe ersetzt keineswegs das Sakrament der Buße, des persönlichen Bekenntnisses seiner Sünden bei einem Priester, um das Verzeihen Gottes zu erlangen. Doch nicht jede Sünde bewirkt einen tödlichen Bruch mit Gott. Durch die Gnade der Eucharistie werden wir von den Fehlern, die bloß ein Abrücken, eine Entfremdung von Gott sind, geläutert.

Der Priester lädt die Gläubigen zu dieser Umkehr des Herzens, zu diesem Akt der Buße ein, in den er sich selber miteinbezieht. Daher sagt er: «Damit *wir* die heiligen Geheimnisse feiern können, wollen *wir* bekennen, daß wir gesündigt haben.» Er ist frei, andere Worte zu wählen. Die Hauptsache ist der Ruf zur Umkehr. Eher als jetzt eine regelrechte Gewissenserforschung anzustellen – was im Augenblick unangemessen wäre –, geht es darum, von Gott die Gnade zu erbitten und zu empfangen, damit wir uns als Sünder erkennen und unsere Schuld bereuen.

Dies erfordert *eine Zeit der Stille,* damit jeder, mit allen andern zusammen, sich unter den Blick Gottes stelle und ihn anflehe: «Herr, sieh hier mein Leben, du kennst es. Laß mich mit Schmerzen empfinden, daß ich dich so wenig liebe und meinen Nächsten nicht nach deinem Gebot geliebt habe. Laß es mir leid tun, daß ich nicht ungeteilt aus dir lebe. Öffne mein verschlossenes Herz. Laß mich meine Sünde erkennen und ermessen. Anstelle meines verhärteten Herzens schenk mir ein gebrochenes und zerknirschtes Herz über all das Unrecht, das ich dir angetan habe.»

Das Schweigen der Versammlung umfängt das Geheimnis eines jeden in einem einzigen Gebet.

Diese, wenn auch noch so kurze Zeit der Stille,

ist nicht ohne Bedeutung für die Teilnahme des Einzelnen an der eucharistischen Handlung. Bedenken Sie die Worte Jesu bei der Wandlung des Kelches: «... der Kelch des neuen und ewigen Bundes, mein Blut, das für euch und für alle vergossen wird zur Vergebung der Sünden...»

Der Ausdruck «... mein Leib, der für euch hingegeben wird...» hat dieselbe Bedeutung. Und in den Vorbereitungsgebeten auf die Kommunion flehen wir den Vater nochmals an: «Erlöse uns, Herr, allmächtiger Vater, von allem Bösen» (nach dem «Vater unser»), und bitten Christus: «... schau nicht auf unsere Sünden, sondern auf den Glauben deiner Kirche» (Friedensgebet) usf.

Lesen Sie aufmerksam das ganze Vierte Hochgebet. Es entfaltet in einer großartigen Danksagung die Heilsgeschichte der sündigen Menschheit, die Gott durch seinen Sohn errettet. Unsere Sünde ermessen heißt, Gottes Liebe ermessen, die uns erlöst. Die Trauer über unsere Sünden wird zur Freude am Verzeihen Gottes, das aus dem Opfer Christi quillt, an dem wir durch die Eucharistiefeier Anteil erhalten.

Gott um Verzeihung bitten

Darauf beginnt der Priester ein allgemeines Gebet, in dem die Versammlung bekennt, daß sie gesündigt hat. Verschiedene Formeln werden hier angeboten. Ich werde mich an die erste halten, eine der ältesten: «Ich bekenne Gott, dem Allmächtigen...»

Das Schöne an diesem Gebet (das man auswendig wissen sollte, dies sage ich für die Jüngeren) ist, daß es uns mitten in unser Leben hineinstellt, in unsere Verantwortung vor Gott und vor unsern Brüdern.

«Ich bekenne Gott dem Allmächtigen...» «Bekennen» ist ein schwieriges Wort. Es bedeutet zugleich eingestehen und erkennen, nämlich in unserem Leben die Wahrheit schaffen oder sie von Gott schaffen lassen.

Nicht: «Ich klage mich an», «mich», nicht: «ich erkenne», daß «ich» das getan habe. Vielmehr: «Ich bekenne...» Wem? Zunächst Gott: «Gegen dich allein habe ich gesündigt» wiederholt der 51. Psalm (V. 6), wie ein Echo auf das Bekenntnis König Davids. Gottes Liebe ist es, die uns richtet, denn die Sünde ist Ablehnung der göttlichen Liebe und damit Ablehnung Gottes, des Quells unserer Bruderliebe.

«Ich bekenne allen Brüdern und Schwestern... (nämlich der Kirche), daß ich Gutes unterlassen und Böses getan habe in Gedanken, Worten und Werken.» Sämtliche Bereiche menschlicher Freiheit, Intelligenz und Tätigkeit werden durch dieses öffentliche Bekenntnis ausgefegt. «Durch meine Schuld, durch meine Schuld, durch meine große Schuld», fügen wir hinzu und schlagen uns an die Brust.

Dann folgt ein Bittgebet, das sich zuerst an die Jungfrau Maria wendet, die Vorerlöste, die Erste in der Kirche. Dann «an alle Engel und Heiligen», über denen die unsichtbare Herrlichkeit Gottes aufstrahlt. Schließlich an die Gesamtheit der Menschen, an all die bekannten und unbekannten Brüder und Schwestern, die für allezeit die Kirche bilden: «für mich zu beten bei Gott, unserem Herrn».

Die zweite Formel wird weniger oft verwendet, ist aber ebenfalls schön; sie besteht aus Psalmversen, die zwischen dem Zelebranten und der Versammlung wechselweise gesprochen werden:

«Erbarme dich, Herr, unser Gott,
erbarme dich.»
«Denn wir haben vor dir gesündigt.»
«Erweise, Herr uns deine Huld.»
«Und schenke uns dein Heil.»

Nach beiden Formeln schließt der Priester mit der Vergebungsbitte: «Der allmächtige Gott erbarme sich unser. Er lasse uns die Sünden nach und führe uns zum ewigen Leben.» «Amen», antworten mit ihm die Gläubigen. Sie bemerken, der Priester, ein Christ unter seinen Brüdern, sagt «wir» und «uns», denn er stellt sich unter die Sünder. Er ist, wie jeder Gläubige, Empfangender in diesem Reueakt, in diesem allen gemeinsamen Sündenbekenntnis. Anders verhält es sich, wenn der Priester im Bußsakrament dem Beichtenden nach dem Bekenntnis die Absolution erteilt. In der Formel des sakramentalen Verzeihens richtet sich der Priester folgendermaßen an den Beichtenden: «Gott, der barmherzige Vater, ... schenke dir Verzeihung und Frieden», und «durch den Dienst der Kirche» absolviert er ihn mit den Worten: «So spreche ich dich los von deinen Sünden, im Namen des Vaters und des Sohnes und des Heiligen Geistes.»

Das Kyrie ein aus den Ursprüngen stammendes Kleinod

Im Anschluß an die beiden Formeln der Bußvorbereitung soll normalerweise im Wechselgebet die kleine Litanei zwischen Zelebrant und Versammlung gebetet werden:

«Herr, erbarme dich,»

«Christus, erbarme dich,»

«Herr, erbarme dich.»

oder:

«Kyrie eleison, Christe eleison, Kyrie eleison.»

Ich gestehe, am liebsten sage ich dieses Gebet in griechischer Sprache, so wie es nicht nur in der Ostkirche, sondern auch in der lateinischen Kirche seit dem Urchristentum bewahrt worden ist.

Wie der kleine Däumling brauchen wir Wegzeichen und Zeugen, um den Weg des liturgischen Gebets wiederzufinden, des eigentlichen Lebens des Gottesvolkes, der wahren Ausmaße der Kirche. Auf unserer Wanderung sind solche altehrwürdigen und fremd klingenden Worte, die heute noch unsere Liturgie schmücken, wie uns unentbehrliche weiße Kieselsteine. Die liturgische Überlieferung von Jahrhundert zu Jahrhundert, von Nation zu Nation, von Sprache zu Sprache bezeugt in der Vielfalt der Kulturen und Sprachen in der Tat die Einheit der Christen im Gebet und in der Kommunion mit Christus. So ist es immer wieder beeindruckend, festzustellen, wie im Lauf der verschiedenen Übersetzungen des Alten und Neuen Testaments (vornehmlich in den kleinasiatischen Sprachen, noch bevor Griechisch und Latein zu den offiziellen Sprachen wurden) Ausdrücke aus dem hebräischen Original einfach übernommen wurden. Sie erreichen uns so, wie sie Christus gesprochen hat. Zum Beispiel: «Amen» (ja, so ist es), «Alleluja» (lobt Gott), «Hosanna» (errette doch!), «Zebaot» (Gott des Alls, Gott der himmlischen Heerscharen). «Zebaot» ist ein so dichter und poetischer, ein so starker Ausdruck, daß er nicht ins Lateinische übersetzt worden ist; denken Sie an das «Sanctus, Dominus Deus Zebaot». Ich könnte die Liste fortsetzen. Noch ein Beispiel: das Markusevangelium hat uns einen aramäischen Ausdruck Jesu aufbewahrt, den er sprach, als er die Ohren des Taubstummen geöffnet, seine Zunge gelöst hat: «Effata» (öffne dich! 7,34); über die Taufliturgie der Urkirche ist er in unser neues Taufrituale für Kinder eingegangen.

So sind uralte Worte in unsere modernen Sprachen und Liturgien wie Edelsteine eingefügt. Sie bezeugen durch ihre lange Geschichte die Kontinuität und die Katholizität der Kirche, obschon die verschiedenen Völker mit ihrer Art zu beten ihr Brauchtum und Empfinden, ihre Sprache und Kultur eingebracht haben. In diesem Zusammenhang ist es nicht ohne Bedeutung, daß neben dem Französischen, Deutschen, Englischen, Italienischen, Spanischen usf. auch lateinische Ausdrücke in Kirchen bewahrt werden, die sich der lebenden Sprache, der Muttersprache ihres Volkes bedienen, für die aber die lateinische Liturgie Quell ihres Glaubenslebens bleibt.

Kehren wir zum «Kyrie eleison» zurück. Jedermann versteht seinen Sinn, und viele singen es gern in alter oder neuer Melodie. Das beglückt mich. Denn das Kyrie ist ein bevorzugtes Zeugnis der Sprache, in der das Neue Testament verfaßt und das Wort Gottes erstmals den Heidenvölkern verkündet wurde. Dieses lebendige Gedächtnis der Kirche zum baldigen Beginn des dritten Jahrtausends ist herrlich.

Die Anrufung Christi

Oft wird für das Sündenbekenntnis und die Bußvorbereitung noch eine dritte Gebetsform verwendet. Nach der oben erwähnten Zeit der Stille läßt man jeder Bitte des «Kyrie eleison» eine Anrufung Christi vorausgehen.

> «Herr Jesus Christus,
> du bist vom Vater gesandt,
> um zu heilen, was verwundet ist...»
> «Du bist gekommen,
> um die Sünder zu berufen...»
> «Du bist zum Vater heimgekehrt,
> um für uns einzutreten...»
> «Erbarme dich unser.»

Diese Intentionen können auch dem Kirchenjahr oder der jeweiligen Tagesfeier angepaßt werden. Die erste kann sich an den Vater, die zweite an den Sohn, die dritte an den Geist wenden, wie es alter Sitte entspricht, während die Litanei des »Agnus Dei« anläßlich des Brotbrechens vor der

Kommunion ausschließlich an Christus gerichtet wird. Immer geht es aber dabei um ein Sündenbekenntnis und ein Flehen im Vertrauen auf Gottes Erbarmen.

VI

Der Hymnus des «Gloria» und das Gebet der Versammlung

Das Gloria, ein Hymnus der Danksagung

Nach dem Bußritus stimmt der Zelebrant an Hochfesten und Sonntagen (außer im Advent und in der Fastenzeit) das «Ehre sei Gott in der Höhe» an. Dieser sehr alte Hymnus, ursprünglich ein Morgengebet, ist uns in den *Apostolischen Konstitutionen* (Ende des 4. Jahrhunderts) überliefert worden. Allmählich hat er sich in die Eucharistiefeier eingefügt. Zuerst dem Bischof allein vorbehalten, wurde er nur an bestimmten Tagen gebetet, zuerst am Weihnachtsfest aufgrund der Eingangsworte: «Ehre sei Gott in der Höhe», die zum erstenmal in der Nacht zu Betlehem aufklingen und das Geheimnis der Weihnacht erhellen. Dann wurde der Brauch auch auf andere Gelegenheiten ausgedehnt und hat sich verallgemeinert. Seit dem 11. Jahrhundert wird das «Gloria» von allen Priestern und der gesamten Versammlung gesungen – wie wir es heute noch tun.

Das «Gloria» ist ein Hymnus. In der katholischen liturgischen Tradition gibt es neben den Psalmen, denen, wie gesagt, eine vorrangige Bedeutung und eine unbestrittene Stellung zukommt, auch «Gedichte». In diesem besonderen Bereich hat jede Epoche die in der unmittelbar vorausgehenden Zeit verfaßten Hymnen mit Mißtrauen betrachtet und oft hitzig bekämpft, was ihrem Empfinden zuwiderlief oder was ihr der Rechtgläubigkeit zu widersprechen schien. So ist es bemerkenswert und bezeichnend für die Qualität des «Gloria», daß es sich so tief in die eucharistische Liturgie verwurzeln konnte und die Jahrhunderte ohne Unterbrechung überdauert hat.

Es ist eine der schönsten liturgischen Hymnen, ein wahres Schatzhaus für das persönliche wie das gemeinschaftliche Gebet: Gebet der Danksagung, «eucharistisches» Gebet zu Gott, unserem Schöpfer und Erlöser, dem einen Gott in drei Personen. Wahres «Magnificat» der Urkirche.

Wie singt man das «Ehre sei Gott»?

Ja, wie soll man es singen? Das scheint doch einfach! An einem Stück. Und doch haben wir bisher in Frankreich noch keine Melodien gefunden, die sich den verschiedenen Versammlungen leicht einprägen. Der Zelebrant, sofern er sich nicht auf das Gloria der «Missa de Angelis» beschränken will, ist oft in arger Verlegenheit: er weiß nicht, ob die Gläubigen es bis zum Ende beherrschen. Um also das Gloria nicht einfach zwischen Zelebrant und Versammlung in Wechselrede zu sprechen, schiebt man einen Kehrvers ein.

Was für ein Irrtum! Warum? Weil so weder der Stil noch der Charakter dieses Hymnus berücksichtigt wird, er wird zu einem Lied mit Refrain umge-

60

wandelt. Ein Vergleich, um dies verständlicher zu machen: Denken Sie an eine große lyrische Arie, die, statt gesungen, rezitiert und durch einen kurzen, gesungenen Einschub, einen Kehrvers, unterteilt würde...

In unserer Versammlung ist das Lied mit Refrain im Begriff, die anderen lyrischen Formen zu verdrängen. Dabei ist das Eingangslied ein Psalm mit Antiphon, das Kyrie eine Litanei, das Gloria ein Hymnus, das Credo eine Wechselrede oder dogmatische Prosa, das Sanctus eine biblische Anrufung. Wenn jedes gesungene Gebet zu einem Lied mit Refrain wird, soll das heißen, daß man die Versammlung des Lernens für unfähig hält?

Geben wir erst einmal zu, daß die Gläubigen den herrlichen Text des Gloria eigentlich schon auswendig wissen; also ist es gewiß besser, es in einem Zug zu sprechen, ohne einen Kehrvers einzuschieben, der den Rhythmus der schlichten Rezitation willkürlich bricht. Ferner, jedesmal wenn sich Gelegenheit bietet, soll es vom Priester und von der Versammlung gesungen werden, vollständig und ohne Unterbrechung, denn es ist ein Gedicht, kein Lied mit Refrain.

Wenn die derzeitigen Melodien dem Französischen nicht entsprechen, was nicht bewiesen ist, so sollen die Komponisten sich ans Werk machen und eine Musik schaffen, die sich mit der französischen Sprache zu vereinen und Herz und Geist, das Empfinden unserer Zeitgenossen anzusprechen vermag. Entschuldigen Sie meine Heftigkeit!

Jeden Satz dieses herrlichen Loblieds, des «Gloria», müßte man lang meditieren. Es beginnt mit den uns im Evangelium bei Lukas (2,14) überlieferten Worten: «Ehre sei Gott in der Höhe und Friede auf Erden den Menschen seiner Gnade.»

Wie Sie wissen, zerriß dieser Jubelruf der Engel die Nacht von Betlehem und das Schweigen der Hirten; er verherrlicht Gott, der durch den Messias kommt, um die Menschen zu retten und ihnen seine Liebe zu schenken.

Dann, aus der Fülle des Herzens – auch das ist Gebet – türmen, jagen sich die Sätze, die Verben überstürzen sich und reißen einander mit, um unserer Anbetung Ausdruck zu verleihen: «Wir loben dich, wir preisen dich, wir beten dich an, wir rühmen dich, wir sagen dir Dank, denn groß ist deine Herrlichkeit.» Wie ein nie versiegender Quell ergießen sich bei der Betrachtung des göttlichen Mysteriums Frohlocken und Jubel aus unserer innersten Mitte und entströmen unseren Lippen. Voller Liebe, Dank und Bewunderung breiten wir das Mysterium aus und erzählen es: «Herr und Gott, König des Himmels, Gott und Vater, Herrscher über das All.»

Ganz selbstverständlich wendet uns der Vater dann seinem Sohn, dem Messias, zu. In seiner Menschheit empfängt dieser alle Titel der Gottheit: «Herr, eingeborener Sohn, Jesus Christus, Herr und Gott, Lamm Gottes, Sohn des Vaters», er ist unser Erretter. Dann sogleich, im Bewußtsein unseres immer neuen Elends: «Du nimmst hinweg die Sünden der Welt», wird unsere Anbetung zu einem glühenden Flehruf: «Erbarme dich unser, nimm an unser Gebet», und mit einem nochmals betonten Vertrauen auf die Macht des Herrn: «Du sitzest zur Rechten des Vaters.»

Damit verdoppelt, verdreifacht sich unser christologisches Glaubensbekenntnis: «Denn du allein bist der Heilige, du allein der Herr, du allein der Höchste: Jesus Christus.» Es wird zu einem trinitarischen «mit dem Heiligen Geist», um dann zu schließen, wie es begann: «zur Ehre Gottes des Vaters».

Mit einem laut schallenden «Amen» am Schluß unterstreicht die Versammlung wie mit einem Orgelpunkt diesen von Freude und Erhabenheit überfließenden Ruf, ein prächtiges Crescendo des Glaubens, gesungen zu Gottes Ehre.

Eine letzte Bemerkung: die Bewegung des «Gloria» ist die des Eucharistischen Hochgebets, der Danksagung, so wie sie Christus betet: «Ich preise dich, Vater, Herr des Himmels und der Erde, weil du all das den Weisen und Klugen verborgen hast...» (Mt 11,25), oder bei Johannes (11,41): «Vater, ich danke dir, daß du mich erhört hast.» Diese Gebetshaltung ist allem jüdischen Beten eigen, dem Marias wie dem Zacharias' und Simeons, ja dem Gebet Jesu selbst, dem des hl. Paulus und aller Apostel, der katholischen Eucharistie. Sie stellt uns hinein in unsere Beziehung zu Gott, läßt uns in das Handeln Gottes eintreten. Unser Subjektives, unsere «kleinen Geschichten» werden so durch die Bewegung der Liebe, die Gott ist, hinweggetragen; wir lernen Gott und damit auch die Menschen wahrhaft lieben.

Ein Gebet, das in Selbstvergessenheit und Danksagung an Gott zur echten Liebe erzieht, in dem sich jeder wiederfindet, und auf dem das Volk Gottes in seiner Berufung wie in seiner Sendung begründet ist. Gebet, das all die Nöte und Sünden der Welt zu tragen vermag. Gebet Christi, der uns lehrt, worin seine Eucharistie höchste Vollendung allen Gebetes ist.

Somit ist es für die Glieder der Kirche wichtig, sich zu dieser eucharistischen Haltung erziehen zu lassen. Um sich davon zu überzeugen, lesen Sie zum Beispiel das Dritte Hochgebet: darin werden sie die Inspiration und die Ausdrücke des «Gloria» wiederfinden.

Das Tagesgebet: die gesamte Kirche

Darauf ergreift der Zelebrant das Wort und sagt: «Lasset uns beten». Auf diese Einladung hin wird die ganze Versammlung ruhig und schweigt. Nichts soll sich in der Kirche regen, jeder verharrt still.

Daraus läßt sich eine allgemeinere Unterweisung ableiten. Die liturgische Feier entfaltet sich wie eine abwechslungsreiche Handlung je nach den Momenten und «Spielern» oder besser, zwischen den Teilnehmern und dem Zelebranten. Zuweilen handeln wir je gemäß unserer Funktion in der Kirche: zum Beispiel bei der Gabenbereitung: der Priester oder der Ministrant richtet die Hostien auf dem Altar, während unter den Gläubigen die Kollekte eingezogen wird, der Organist spielt und die Versammlung singt. Jeder übernimmt seinen Part, ein wenig wie in einem Orchester oder in einer Familie vor der Mahlzeit: die Kinder decken den Tisch, die Mutter steht am Herd, der Vater geht in den Keller oder läuft rasch, das vergessene Brot einzukaufen. Kurz, was jeder tut, trägt zu der einen gemeinsamen Handlung bei.

In andern Momenten der Eucharistiefeier handeln wir alle zusammen, einstimmig. Alle tun dasselbe, zu gleicher Zeit, auf gleiche Weise. Ein sprechendes Beispiel dafür ist das «Sanctus».

Zu noch andern Momenten handelt ein einziger für alle. Es kann eine Person sein (der Lektor oder Vorsänger etwa), es kann auch eine Gruppe sein (der Chor). Die Versammlung betet und hört zu.

Und schließlich handelt ein geweihter Diener im Namen Christi, auf daß die ganze Kirche mit ihrem Herrn eins werde. Etwa wenn der Diakon oder der Priester das Evangelium verkündet. Oder auch wenn der Priester im Hochgebet im Namen Christi spricht.

Wenn also der Priester sagt: «Lasset uns beten», wird jeder still. Ist die Versammlung einmal zur Ruhe gekommen, wendet sich jeder innerlich und auf seine Weise an Gott. Der Zelebrant ergreift im Namen der Versammlung wiederum das Wort zum Eröffnungsgebet. Deshalb sind, Sie haben das sicherlich festgestellt, sämtliche Tagesgebete in der ersten Person Mehrzahl verfaßt: «Lasset uns

beten», «Wir bitten dich», «... für uns», «zu uns».
Der meist alte Text ist im Römischen Missale
festgehalten, ein Juwel christlicher Erfahrung, die
es sorgfältig zu bewahren gilt. Die Übersetzung
erreicht nicht immer die bündige Schönheit der
lateinischen Sprache!

Das trinitarische Gebet

Entsprechend dem streng trinitarischen Aufbau
des christlichen Gebets richtet sich das Tagesgebet
an den Vater im Himmel im Namen Christi, mit
dem wir zu «seinem Vater und unserem Vater»
beten (vgl. Jo 20,17), im Heiligen Geist, der in uns
wohnt und uns Kraft verleiht. Das Eröffnungsgebet besteht zumeist aus zwei Teilen:

– Der erste vermittelt, oft in einem einzigen
Satz und in Form einer Danksagung, einen Aspekt
des Mysteriums Gottes, das die kirchliche Liturgie an diesem Tag unserer Betrachtung vorstellt.
«Allmächtiger Gott, deine Vorsehung bestimmt
den Lauf der Dinge...»; «Gott, unser Vater, du
hast uns durch deinen Sohn erlöst»; «Gott, dein
Name ist heilig, und dein Erbarmen wird besun-
gen.»

– Der zweite Teil ist eine Bitte; die zu dieser Eucharistie versammelten Christen möchten
jetzt und für immer leben, und dafür danken sie
jetzt.

Und die zusammenfassende Formel bettet unser ganzes Gebet ein in diese Beziehung zu Gott,
unserem Vater, durch den Sohn, im Heiligen

Geist. Wir bekräftigen nochmals unsern Glauben an das Geheimnis der Heiligsten Dreifaltigkeit, indem wir anfügen: «Darum bitten wir dich, heiligster Vater, durch Jesus Christus, deinen Sohn, der mit dir lebt und herrscht in der Einheit des Heiligen Geistes jetzt und in alle Ewigkeit.»

«In alle Ewigkeit»: diese wörtliche Übersetzung einer hebräischen Wendung will sagen, daß diese höchste göttliche Herrschaft, zu der wir im Gebet Zugang haben, jegliche menschliche Dauer übertrifft und uns eintaucht in die geschichtliche Entfaltung bis zu ihrer Vollendung am Ende der Zeiten, um so «in Christus alles zu vereinen, alles, was im Himmel und auf Erden ist» (Eph 1,10).

Die Versammlung antwortet «Amen» und bestätigt damit die Wahrhaftigkeit Gottes, des «wahren Gottes» (vgl. Jos 22,34 und Jo 17,3) und die Wahrheit der Anbetung, die Gott zusammen mit den Chören der Engel und der unzählbaren Schar der Erwählten dargebracht wird, die ihm lobsingen: «Lob und Herrlichkeit, Weisheit und Dank, Ehre und Macht unserem Gott in Ewigkeit. Amen» (Apk 7,12).

Dieses Gebet, das den Eingangsritus der heiligen Messe beschließt, ist demnach nicht irgendein Wort, in dem sich uns die Persönlichkeit des Zelebranten, bzw. seine Originalität kundtun soll; er hat nicht «sich selber» auszusagen. Um so mehr, als die heutige Liturgie mehrfach Momente vorsieht, wo der Zelebrant eingeladen ist, seine Bemerkungen der Versammlung gegenüber frei und ungezwungen anzubringen.

Man begreift auch, daß die alte Überlieferung den Priester anhält, das Tagesgebet zu singen. Im Gesang ermißt der Zelebrant (und mit ihm die Versammlung) tiefer den heiligen Auftrag, den er im Dienst des zusammengerufenen Gottesvolkes erfüllt. Die nüchtern und ehrfurchtsvoll gesungenen Worte gewinnen eine größere Würde.

Der Priester wird so seiner eigenen Art zu reden, ja schließlich seiner selbst enteignet, um das zu werden, was das Weihesakrament zum Dienst am ganzen Gottesvolk aus ihm gemacht hat: nämlich zum Wortführer in einem Gebet, das in allen wohnt – das Gebet der Kirche – und in dem sich auch jeder und jede, unabhängig von Gefühlen und augenblicklicher Stimmung, wiederfinden sollte.

Wenn wir gesammelt das gesprochene oder gesungene Eingangsgebet anhören und uns vereinen mit dem, was der Priester in unser aller Namen sagt, so bedenke jeder in der Versammlung die volle Wahrheit: «In den vom Priester gesprochenen Worten bete ich im Namen der Kirche, und die Kirche betet in meinem Namen.»

Der Wortgottesdienst

VII

Die Symphonie des Gotteswortes

So eingeführt, ist die Versammlung bereit, das Wort Gottes zu hören. Was wir als Wortgottesdienst bezeichnen, kann beginnen. An Sonn- und Feiertagen umfaßt er:

- einerseits das Anhören der drei Lesungen:
  die erste ist ein Abschnitt aus dem Alten Testament, gefolgt von einem Psalm;
  die zweite ein Auszug aus den Apostolischen Schriften des Neuen Testaments (Apostelgeschichte, Paulus- oder andere Apostelbriefe, Apokalypse);
  die dritte ein Abschnitt aus den Evangelien.
- anderseits ein dreifaches Reagieren der Kirche als Antwort auf die erwähnten Lesungen (vgl. oben Kp. VIII):
  als erste die Homilie oder Predigt des Priesters; diese Aktualisierung des Wortes Jesu wie auch die Verkündigung des Evangeliums ist Aufgabe des geweihten Dieners;
  als zweite das Glaubensbekenntnis der Versammlung, das Credo;
  als dritte das allgemeine Gebet oder die Fürbitten der Gläubigen für die ganze Kirche.

Die drei Lesungen

Reden wir zunächst von den drei Lesungen des Wortes Gottes. Weshalb werden sie nur der Heiligen Schrift entnommen? Warum nicht auch einem geistlichen Schriftsteller, einem Kirchenvater, einer päpstlichen Enzyklika?

Weil die Eucharistie nicht irgendeine Feier ist, auch keine in eigener Initiative veranstaltete Gebetszusammenkunft. Wie ich Ihnen bereits (vgl. Kp. II) gesagt habe, ist die heilige Messe immer ein Akt der durch den Geist versammelten Kirche; Christus selbst, das Wort Gottes, teilt uns das Wort Gottes, seines Vaters, mit: durch die Heilige Schrift, durch seinen hingegebenen Leib und sein vergossenes Blut.

Warum drei Lesungen aus jeweils drei verschiedenen Büchern der Bibel?

Weil sich aus der Beziehung der drei so gewählten Lesungen die eigentliche Struktur der Offenbarung erhellt. Das Wort Gottes in seiner Gesamtheit erklingt wie eine geistliche Symphonie, in der jeder Klang notwendig ist, um die Schönheit und den Sinn des Ganzen besser wahrnehmbar zu machen. Sowenig ein Akkord auf den einen oder andern der ihn bildenden Töne reduziert werden kann, sowenig läßt sich ein mehrstimmiger Gesang auf die Sopranstimme oder den Baß beschränken.

Wie verteilen sich die drei Lesungen? Entsprechend einem Zyklus, der sich über drei Jahre erstreckt (über zwei für die Wochentagsmessen), wie in der Liturgie der Synagoge, die Jesus geläufig war. So können die Christen sorgfältiger in die Gesamtheit der Schrift eingeführt werden.

Um besser zu verstehen, wie die unserem Gebet und unserem Glauben vorgestellten Lesungen im neuen Lektionar aufeinander hingeordnet sind, müssen wir vom Evangelium ausgehen.

Das Evangelium

Hier spricht Jesus selbst zu seiner Kirche. Daher ist diese Lesung feierlicher gestaltet als die andern. Es handelt sich nicht bloß um das Wort der Schrift, sondern um das wahrhaft fleischgewordene und im Sakrament tatsächlich anwesende Wort Gottes. Diese Wirklichkeit und Glaubenssicht bewirkt zweierlei:

– Die Versammlung erhebt sich. Bloß aus Respekt, wie ehemals die Schüler sich erhoben, wenn der Lehrer eintrat? Es geht um weit mehr. Denn in der christlichen Gebärdensymbolik heißt sich erheben: sich aufrichten, wie sich der Gelähmte vor Jesus von seiner Bahre aufrichtet und sich auf seine beiden Füße stellt (vgl. Lk 5,25). Es ist auch die Haltung des Auferstandenen, der dasteht «inmitten seiner Jünger...» (vgl. Lk 24,36). Eine stehende Versammlung ist eine Versammlung Auferstandener; sie empfängt den auferstandenen Jesus inmitten seiner Brüder, die er auferweckt. Aufrecht grüßen wir den Einzug Christi, die Frohe Botschaft Gottes mit dem Gesang des Alleluja.

– Es ist Sache des geweihten Dieners (Bischof, Priester, Diakon), das Evangelium zu verkünden. Dem Haupt Christus durch das Weihesakrament gleichgestaltet, bezeugt er vor der Versammlung, daß dies kein gewöhnliches Wort ist, sondern der lebende Christus, der durch seine Stimme zu seiner Kirche spricht. Der geweihte Diener ist Garant für das Wort des Evangeliums. Daher die beiden feierlichen, in ihrer Kürze und Ausgewogenheit ergreifenden Ovationen, das eine Mal zu Beginn des «heiligen Evangeliums nach...»: «Ehre sie dir, o Herr», und dann als abschließende Bestätigung: «Evangelium unseres Herrn Jesus Christus» – «Lob sei dir Christus».

Es geht wirklich darum, Christus zu erkennen, der sich in dieser Frohen Botschaft aussagt; in ihm sind alle Verheißungen der Schrift erfüllt und alle Gaben Gottes an sein Volk verwirklicht worden.

Das Alte Testament

Die «Melodie» des Evangeliums kann aber nur innerhalb der Symphonie des Wortes richtig wahrgenommen werden, die durch die ganze Bibel zu unserem Heil und zu unserer Freude erklingt. Nach Gregor von Nazianz ergeht die Offenbarung als eine fortschreitende: «Das Alte Testament hat deutlich den Vater kundgetan, noch undeutlich den Sohn. Das Neue Testament hat den Sohn offenbart und die Göttlichkeit des Geistes angedeutet. Heute lebt der Geist unter uns und gibt sich deutlicher zu erkennen.»

Wenden wir uns also der ersten Lesung zu: dem Alten Testament. Die im Lektionar ausgewählten Perikopen möchten den engen Zusammenhang zwischen dem Gotteswort in der Schrift und dem menschgewordenen Wort, das im Evangelium spricht, aufweisen. Die Schriften antworten und erklären sich gegenseitig; die eine macht die andere verständlich. Denn es besteht ein historisches, prophetisches, sakramentales Band zwischen der Offenbarung Gottes an Mose, an die Propheten ... und dem Sohn, dem menschgewordenen Wort Gottes. Die durch das Alte Testament vernommene Stimme des Vaters ist dieselbe, die auch die Jünger, als Zeugen der Verklärung Christi, vernahmen: «Das ist mein geliebter Sohn, auf ihn sollt ihr hören.» Jesus offenbart den Vater: «Wer mich gesehen hat, hat den Vater gesehen» (Jo 14,9). Um den im Evangelium redenden Jesus zu vernehmen, muß das Wort des Vaters an Israel aufgenommen worden sein. Gott bereitet seine Kinder auf die Gnadengaben vor, die er für sie bestimmt hat, und legt das Verlangen in ihre Herzen, wie er es schon für Israel in der Wüste getan hat: «Durch den Hunger hat er dich gefügig gemacht und hat dich dann mit dem Manna gespeist, das du nicht kanntest und das auch deine Väter nicht kannten. Er wollte dich erkennen lassen, daß der Mensch nicht nur von Brot lebt, sondern daß der Mensch von allem lebt, was der Mund des Herrn spricht... Daraus sollst du die Erkenntnis gewinnen, daß der Herr, dein Gott, dich erzieht, wie ein Vater seinen Sohn erzieht» (Dt 8,3.5).

Aus diesem Grunde ist die Lesung aus dem Alten Testament keine Frage gelehrten Wissens oder besonderen Interesses. Sie dient nicht bloß zur Illustration des Evangeliums. Auf einzigartige und unersetzliche Art führt sie uns ein in die

Heilsgeschichte im Mysterium des Vaters, des Sohnes und des Geistes. Die Kirche hört nicht auf, dafür zu danken, indem sie das Magnifikat der Jungfrau Maria singt: «... über Gott, meinen Retter», «... er nimmt sich seines Knechtes Israel an und denkt an sein Erbarmen, das er unsern Väter verheißen hat, Abraham und seinen Nachkommen auf ewig» (Lk 1,54–55).

Die Apostolischen Schriften

Es bleibt die zweite Lesung aus den Apostolischen Schriften. Sie gehören zum Neuen Testament. Als inspirierte Schriften sind sie ein spezifisches und ursprüngliches Wort innerhalb der Offenbarung. Sie vermitteln das während der Apostelgeneration durch den Heiligen Geist gegebene Zeugnis. Wie wir also, nach dem bei Gregor von Nazianz entliehenen Vergleich, zuerst das vom Vater geoffenbarte Wort vernehmen, so empfangen wir in den Apostolischen Schriften, was der Heilige Geist selber den Aposteln zu verstehen gab, um schließlich mit einem doppelt aufmerksamen «Gehör» (vgl. Ps 40,7) im Evangelium die Fülle des Wortes zu vernehmen, das der Sohn ist.

Die Psalmen, Herzstück der Schrift

Der Psalm, der im Anschluß an den Text aus dem Alten Testament gelesen wird, bildet das Band zwischen den drei Lesungen. Ich kann nicht genug auf den wesentlichen Platz der Psalmen im Glaubensleben hinweisen (vgl. Kp. III, S. 38 f.). Man muß sie kennen, lieben, erlernen wie eine zweite Muttersprache, sonst werden wir weder in die Schrift eindringen noch das Wort Gottes verstehen können.

Sie sind im Verlauf der Geschichte des Alten Bundes verfaßt worden. Die hundertfünfzig Psalmen, die unseren Psalter ausmachen, sind das inspirierte und durch die Jahrhunderte ausgeformte Gebet des Volkes Israel, das Gebet Jesu und der Apostel, das der Kirche bis zur Vollendung der Zeiten, ihr reich ausgearbeitetes Schatzhaus. Die Psalmen sind gewissermaßen die Drehscheibe, die uns vom Wort des Vaters zum lebendigen Wort des Sohnes zu gehen erlaubt, in der Erfahrung des Heiligen Geistes. Als «Kurzfassung» der ganzen Schrift sind sie die beste geistliche Einführung nicht nur ins Alte, sondern auch ins Neue Testament. Sie bilden wie ein aus verschiedenartigsten Steinen zusammengefügtes Mosaik, ein Patchwork, wenn Sie wollen. Auf jeder Seite der Bibel sind sie anzutreffen. Und jedes Psalmwort erweckt mancherlei Anklänge und Verweise im Alten wie im Neuen Testament. Denn Christus und die Apostel, die diese Texte auswendig wußten, haben sie unaufhörlich betrachtet und angeführt.

Wer allmählich mit den Psalmen beten lernt und die biblischen Texte durchwandert, wird eines Tages ausrufen: «Ja, jetzt verstehe ich diese Einzelheit, jene Anspielung, die mir beim ersten Lesen nichts gesagt hat, jetzt aber beginnt sie in mir zu klingen.» Erstaunt wird er Gott reden hören.

Denn die Psalmen stimmen uns ein in den Gesang Gottes in unserem Herzen.

Man wird übrigens achtgeben müssen auf das, was sie uns singen lassen möchten, und sollte sie nicht allzusehr durch Unterteilungen verstümmeln. Nichts ersetzt die Betrachtung eines ganzen Psalms, ob kurz oder lang, so wie er von dem verfaßt worden ist, den Gott inspiriert hat, damit er durch diese Dichtung hindurch sein Gebet dem Volk weiterschenke.

VIII

Echo der Kirche auf das Wort Gottes

Nachdem wir die drei Lesungen angehört haben, erfolgt, als zweites in der Wortliturgie, die Antwort der Kirche in den drei Bewegungen, die ich Ihnen, vor weiteren Erklärungen, in Erinnerung rufe:

Die Homilie des Priesters.
Das Glaubensbekenntnis der Kirche.
Das Fürbittgebet der Gläubigen.

Die Homilie des Priesters

Normalerweise bildet sie eine Einheit mit der Verkündigung des Evangeliums, die wahrhaft ein Akt Christi ist, der durch den Mund des Priesters sein Wort gegenwärtig setzt. Deshalb ist es, wie gesagt, stets Sache des geweihten Priesters, vornehmlich des der Eucharistie vorstehenden Priesters, die Homilie zu halten. Anders verhält es sich, wenn ein Gläubiger eingeladen wird, gelegentlich im Verlauf der heiligen Messe ein Zeugnis abzugeben, was jedoch die Homilie nicht ersetzen kann.

Der Predigt kommt also ein ganz besonderer Charakter zu. Sie ist weder Katechismusunterricht noch theologische Vorlesung, keineswegs auch ein Ausbreiten des persönlichen Lebens oder eine rhetorische Übung. Sie stellt dem Priester eine genau umrissene Aufgabe, deren Umfang und Anspruch keiner andern Art, öffentlich das Wort zu ergreifen, vergleichbar ist. Die Aufgabe fordert von ihm, das Wort Christi, das er eben verkündet hat, der Versammlung nahezubringen und zugänglich zu machen.

Die Gläubigen wären demnach im Irrtum, wenn sie das Niveau der Homilie mit einem «er spricht gut» oder «er spricht schlecht» beurteilen wollten. Christen! fragen wir uns selber: Lauschen wir dieser Homilie wie einer Botschaft Gottes an uns, trotz aller Unvollkommenheiten und Mängel der «Predigt»? Suchen wir im Priester Gott zu hören? Oder nehmen wir die Unzulänglichkeiten des Priesters als Vorwand für unsere tauben Ohren Gott gegenüber. Um diese schwierige Aufgabe auszuführen, ist unser Glaubensakt ebenso wichtig wie derjenige des Priesters. Beides gehört zusammen. Erinnern Sie sich an den Ruf Jesu nach seiner Gleichnisrede: «Wer Ohren hat, der höre!» (Mt 13,9). Nicht der Priester wandelt die Herzen der Gläubigen, sondern der Heilige Geist, für den Priester und Gläubige in diesem sakramentalen Akt der Kirche bereit sein sollen.

Das Glaubensbekenntnis der Kirche

Die Versammlung spricht das Credo, das Nikänische oder Apostolische Glaubensbekenntnis.

Manche Leute sagen: «Immer dasselbe!» Warum die Formel nicht etwas abwandeln und sich dabei etwas weniger langweilen. Wir können darauf nur antworten, indem wir erklären, weshalb das Glaubensbekenntnis an dieser Stelle der Messe eingefügt wird. Der Sonntag ist der Auferstehungstag des Herrn; dieser Gedanke ist geläufig. Und Sonntag für Sonntag feiern die zur heiligen Messe versammelten Christen das Pascha Jesu Christi, das ist Ihnen bekannt. Welche Beziehung besteht nun zwischen diesem Gedächtnis des Ostertages und dem Credo?

Denken Sie daran: Ostern ist das Fest der Auferstehung und somit das Fest der Taufe, denn durch die Gnade dieses Sakraments sind die mit Christus gestorbenen Männer und Frauen auch mit ihm auferstanden. Folglich sind die Christen, besonders am Vorabend von Ostern, aber auch bei der sonntäglichen Eucharistie eingeladen, ihr Taufversprechen zu erneuern.

Nun, Sie erinnern sich, wie das Glaubensbekenntnis bei der Taufe der Urkirche vor sich ging. Der Priester fragte den Katechumenen: «Glaubst du an Gott, den Vater, den Allmächtigen, Schöpfer des Himmels und der Erde?» «Ich glaube», antwortete dieser und wurde vom Priester ein erstes Mal ins Taufwasser getaucht. Dann fragte ihn dieser: «Glaubst du an Jesus Christus, seinen eingeborenen Sohn, unsern Herrn, empfangen durch den Heiligen Geist, geboren von Maria der Jungfrau, der gelitten hat unter Pontius Pilatus, gekreuzigt wurde, gestorben ist und begraben wurde, am dritten Tag auferstanden von den Toten, aufgefahren in den Himmel, sitzt er zur Rechten Gottes, des allmächtigen Vaters, von dort wird er kommen, zu richten die Lebenden und die

Toten?» – «Ich glaube», antwortet der Täufling, und der Priester tauchte ihn ein zweites Mal ins Wasser. Schließlich frage er ihn: «Glaubst du an den Heiligen Geist, die heilige katholische Kirche, die Gemeinschaft der Heiligen, die Vergebung der Sünden und das ewige Leben?» – «Ich glaube», antwortete er, bevor er ein drittes Mal eingetaucht wurde.

Unser Glaubensbekenntnis, wie es in der Sonntagsmesse formuliert wird, hat also seinen Ursprung in dieser dreifachen Befragung und dreifachen Antwort aus der Tauffeier. Das Beten des Credo ist ein Zeichen der Dankbarkeit für den Glauben aller Christen und zugleich die Erinnerung eines jeden an seine eigene Taufe. Das Bezeugen dieser noch von der ungeteilten Kirche (vor den großen Schismen) festgelegten Worte ist eine Erneuerung des Glaubens von Ostern zu Ostern, von Sonntag zu Sonntag, ein Wiederbedenken des Aktes, durch den wir Kinder des Vaters geworden sind, Leib Christi und Tempel des Geistes, Glieder der Kirche.

Das Glaubensbekenntnis lädt uns nicht bloß ein, unserer Taufe zu gedenken, sondern die *Einheit der Kirche* auszudrücken, die in diesem Sakrament begründet wird, das jeden Christen eins macht mit Christus. Die Eucharistie, das Sakrament der Einheit, vollzieht sich in der Darbringung des Leibes und Blutes Christi, die uns bei der Kommunion gereicht werden in der Liebe, die der Heilige Geist in der Kirche bereits durch das Sakrament der Taufe ins Leben rief.

Wir sagen, «ich» glaube. Wer redet, wenn meine Lippen «ich» sagen? Ich selber zunächst. Selbst wenn ich zweifle, wenn dieser oder jener Punkt der kirchlichen Lehre mir dunkel bleibt, wenn ich das Wort «ich glaube» ausspreche, bekunde ich meinen Willen, mit dem Glauben der Kirche in Kommunion zu sein; er ist größer als mein «Kleinglaube». Ja, durch meinen Mund läßt die Kirche ihre Stimme ertönen: «Ich glaube.»

Ein Gebetswort des Zelebranten vor der Kommunion kann uns diese Haltung verständlicher machen. Er wendet sich an Christus und bittet ihn: «Schau nicht auf meine Sünden, sondern auf den Glauben deiner Kirche.»

Im eben Gesagten habe ich das «Ich glaube an Gott...», das Apostolische Glaubensbekenntnis, geschildert. Das ausführlichere Credo, das oft an Sonntagen gebetet wird, ist ein dogmatischer Text, der anläßlich der ökumenischen Konzilien von Nikäa und Konstantinopel (325–381) erarbeitet wurde. Beide bieten Gewähr für die Einheit aller Christen, weil alle Kirchen diese beiden Glaubensbekenntnisse als «Symbole», das heißt Erkennungszeichen des gemeinsamen Glaubens betrachten. Den Text zu kennen und hochzuachten ist ein Pfand für die ökumenische Hoffnung. Die Katholiken, mehr als alle, haben die Pflicht, die Erinnerung an diese Zeichen kirchlicher Einheit wachzuhalten und keine frei erfundenen, auf eine Gemeinschaft oder eine Person – und wäre sie heilig – bezogenen Glaubensbekenntnisse zu erdichten.

Somit ist das Beten oder Singen des Credo in der Sonntagsmesse die Antwort der Versammlung auf die durch das Wort gegenwärtig gewordene Offenbarung des Mysteriums Gottes: Vater, Sohn und Geist, unser Schöpfer und Erlöser.

Das Credo drückt die katholische Antwort dieser besonderen Gemeinde aus und bezeugt ihre Einheit. Es betont schließlich die Hoffnung auf die Vereinigung aller Christen, der lebenden und der toten, die in der gleichen Taufe dasselbe Glaubensbekenntnis empfangen haben.

Das allgemeine Gebet der Gläubigen: die Fürbitten

Das von der liturgischen Reform des Zweiten Vatikanischen Konzils zum Glück wieder eingeführte Gebet der Gläubigen (die Fürbitten) knüpft an eine sehr alte Tradition an. Herrliche, von den ersten christlichen Geschlechtern verfaßte Texte sind uns erhalten geblieben. Die früher vom Priester nach der Predigt empfohlenen Anliegen waren eine letzte Spur davon.

Das Gebet dieser bestimmten Gemeinde, an diesem Ort, zu dieser Zeit, gewinnt die umfassende Weite der universalen Kirche, daher auch der Ausdruck «Allgemeines Gebet» oder «Gebet der Gläubigen». Denn der Priester beschränkt sich darauf, das Gebet zu eröffnen und es, nach den von den Gläubigen für alle menschliche Not vorgetragenen Bitten, zu beschließen. Diese Bitten betreffen keineswegs nur die Anliegen der einzelnen Gemeinde, sondern sind ein Flehen des ge-

samten christlichen Volkes. Ja, jede Eucharistiefeier ist Gebet der universalen Kirche für die
universale Kirche. Das ist der Grund, warum sich
eine Einzelgemeinde katholisch nennen darf. Sie
feiert nicht ihre Liturgie, sondern die der Kirche.
Das drückt sich nicht nur im Amt des zelebrieren-
den Priesters in Kommunion mit seinem Bischof
aus, sondern auch durch die ausdrückliche Er-
wähnung des Papstes, des legitimen Ortsbischofs
und aller Bischöfe im Hochgebet.

Das eindrücklichste Modell dieses Gebetes sind
die Großen Fürbitten am Karfreitag zur Stunde,
da die Kirche Christus, ihren ans Kreuz genagel-
ten Herrn, betrachtet, der dem Vater im Himmel
sein Leben als Opfergabe anbietet für das Heil der
Welt.

Damit ist die Wortliturgie beendet. Sie entfaltet
sich überaus reich und schön und in einer so
dichten und sicheren Bewegung, daß wir fast
unbemerkt in die Liturgie der Eucharistie eintreten, mit der sie, wie bereits erklärt, eine Einheit
bildet.

Die eucharistische Liturgie

IX

Das Moment der Gabenbereitung

Wir sind nun bei der Gabenbereitung angelangt, gleichsam einem unbetonten Takt – um einen musikalischen Vergleich anzuwenden – zwischen zwei starken Takten: zwischen der Wortverkündigung und dem eigentlichen Eucharistischen Gebet. Nach der angespannten Aufmerksamkeit beim Wortgottesdienst folgt in der Versammlung eine Ruhepause. Jeder tut, was ihm zufällt, zum Wohle aller.

Unser Blick soll sich nun dem Altar zuwenden. Oft ein Märtyrergrab aus den ersten Jahrhunderten der Kirche, steht er als Zeichen und Symbol Christi, der zugleich Priester, Altar und Opfergabe ist. Er ist der geheiligte Opfertisch nach der Überlieferung der großen Religionen, besonders des Judentums. Also keine bloße Anrichte! Die liturgischen Vorschriften betonen diesen Punkt: der Altar soll in seiner ganzen Schönheit und Reinheit erscheinen. Es soll sich nichts darauf befinden, was zur Feier der Eucharistie nicht benötigt würde oder sinnlos wäre.

Auf dem mit einem Tuch bedeckten Altar stehen schon zu Beginn der heiligen Messe zwei Leuchter. Früher wurden die Kerzen beim Einzug des Priesters in Prozession zum Altar getragen und darauf oder davor niedergestellt. Warum brennende Kerzen? Nicht um der Beleuchtung willen, sondern weil eine lebendige Flamme das unvordenkliche Zeichen des auferstandenen Christus ist: «Licht der Welt». Denken Sie an die im Dunkel leuchtende Kerze der Osternacht. Ein Brauch, der sich vielleicht zurückverfolgen läßt bis zu dem Leuchter, den die Herrin des Hauses zum Sabbatmahl entzündete. Das tat Maria jeden Sabbat.

Ein Kruzifix überragt den Altar.

Dem Missale ist ein bescheidener Platz einzuräumen. Es ist ein bloßes Hilfsmittel für den Zelebranten, damit er dem Gebet der Versammlung ohne Mühe und Angst vor Gedächtnislücken vorstehen kann. Genügend Raum soll für die Gaben oder die während der Gabenbereitung auf dem Corporale niedergelegten Oblaten vorgesehen werden.

Die Kollekte: bezeugende Opfergabe

Was geschieht in dieser Zeit? Wenn es Ihnen recht ist, beginnen wir mit der Kollekte. Sie werden vielleicht einwenden: diese sei eine triviale, zweckbetonte Sache und störe nur! Man könne die Kollekte im Einverständnis mit der Versammlung zu einem andern Zeitpunkt vornehmen, etwa beim Hinausgehen, um die Gläubigen nicht abzulenken. Das ist nicht so sicher, denn dies ist der richtige Moment für die Kollekte. Warum? Weil die Gabe der Gläubigen nicht eine Art Steuer ist, auch kein Entgelt für den Sitzplatz, sondern weit mehr.

Sie ist konkretes Pfand der Bruderliebe und Beteiligung der Christen an der materiellen Exi-

90

stenz der Kirche und an ihren Bedürfnissen. Sie denken jetzt wohl gleich an den Jahresabschluß der Pfarrverwaltung: Elektrizität, Heizung, Gebäudeunterhalt, Gehalt des Sakristans, des Organisten, der Sekretärin, Kopiergebühren usf. Gewiß, aber damit treffen Sie das Eigentliche nicht. Denn Ihre Gabe soll der Kirche auch erlauben, ihre Liebesaufgabe zu erfüllen, indem sie auch materiell bedürftigen Brüdern hilft.

Denken Sie an die Kollekte des hl. Paulus für die Kirche von Jerusalem. Früher bestand dieses «Opfer» in Naturalgaben, die verteilt wurden.

Wie auch immer, die Kollekte ist auf ihre Weise ein Teil der Gabenbereitung. Das so gesammelte Geld ist ein materielles Zeichen der Hingabe unserer selbst, unserer Kräfte und Energien. Aus diesem Grund erfolgt die Kollekte an dieser Stelle der Eucharistiefeier.

Doch wer allzuviel beweisen will, gerät in Gefahr, sich zu täuschen. Nach dem Einzug des Geldes bringt man es am besten gleich in die Sakristei. Man stelle es nicht vor und noch weniger auf den Altar. Geld ist nicht «Materie» des Sakraments der Eucharistie, selbst wenn wir durch unsere Gabe ausdrücken wollen, daß unser ganzes Leben mit dem dargebrachten Brot und Wein vereint ist, die zum Leib und Blut Christi werden.

Darbringung von Brot und Wein

Brot und Wein, die zum Opfer Christi benötigt werden, können in Prozession feierlich vom Eingang der Kirche zum Altar getragen werden, während das Herrichten der Opfergaben von Orgelspiel begleitet werden kann.

Der Zelebrant bringt Gott zunächst das Brot dar, «damit es uns das Brot des Lebens werde». Dann, bevor er den Wein darbringt, mischt er einen Tropfen Wasser in den Wein, indem er betet: «Lasse uns ... teilhaben an der Gottheit Christi, der unsere Menschennatur angenommen hat.»

Der hl. Cyprian von Karthago, beeindruckt von diesem Brauch, den Christus der Überlieferung entnehmen konnte, sieht darin das Zeichen der unzertrennlichen Einigung Christi in seiner Passion (Wein) mit seiner Kirche (Wasser, unsere sündige Menschheit).

Desgleichen sind die Gebete, die der Priester bei der Darbringung von Brot und Wein spricht: «Gepriesen bist du, Herr, unser Gott, Schöpfer der Welt. Du schenkst uns das Brot – den Wein –, die Frucht der Erde und der menschlichen Arbeit», Segnungen, die Jesus gesprochen hat. Die Erde ist das verheißene Land, wo das Volk die Herrlichkeit Gottes feiern kann. Die menschliche Arbeit, auch sie ist Frucht göttlicher Gnaden und weckt die Danksagung des Gläubigen.

Die Händewaschung

Dann verneigt sich der Zelebrant und bittet den Herrn demütig, das Opfer anzunehmen.

In feierlichen Messen kann er darauf die Gaben und den Altar mit Weihrauch umgeben, bevor er selber wie auch die Versammlung, die Kirche als Leib Christi und Tempel des Heiligen Geistes, den Weihrauch empfängt.

Darauf, während er leise betet: «Herr, wasche ab meine Schuld, von meinen Sünden mache mich rein», wäscht sich der Zelebrant die Hände mit Wasser. Täuschen wir uns nicht über diesen Ritus der Händewaschung oder des «Lavabo», wie wir früher sagten, mit dem lateinischen Wort, mit dem der erste Vers des den Ritus begleitenden Psalms begann: «In Unschuld will ich meine Hände waschen und den Altar umschreiten, Herr» (Ps 26).

Manche Historiker erklären, die Händewaschung sei ursprünglich um der Reinigung willen vollzogen worden. Der Zelebrant hätte sich bei der Entgegennahme der Naturalgaben die Hände beschmutzt. Aber, wie gesagt, dieser Ritus hat sich eigentlich im Gefolge eines jüdischen Reinigungs- und Bußritus, den – nochmals – auch Christus vollzog, in die eucharistische Liturgie eingefügt (vgl. Mt 15,2.20; Mk 7,2; Lk 11,38).

Dies angenommen, erhält diese schlichte Gebärde des Zelebranten, die keineswegs eine beiläufige und beliebige ist, ihre ganze Bedeutung und stellt eine unmittelbare Verbindung zum Tun Jesu her (vgl. Kp. II).

Ein Detail, sagen Sie. Doch läßt es uns die historische Verwurzelung der Eucharistiefeier entdecken.

Das Opfer der ganzen Kirche

Alle Gebete, die mit den Gebärden der Gabenbereitung (Darbringung von Brot und Wein, demütiges Verneigen des Dieners Gottes, Händewaschung) einhergehen, sind am besten leise zu sprechen. Die Gläubigen können unterdessen ein Opferungslied singen.

Eine Erläuterung dazu: wenn bestimmte Gebete leise gesprochen werden und andere vorschriftsgemäß laut, so weil der «Moment» und die liturgische Handlung es verlangen. Wie ich Ihnen bereits sagte, ist die Zeit der Gabenbereitung dafür da, daß jeder in der Versammlung tut, was ihm zukommt; der Priester betet also leise. Das Wort Gottes und das Eucharistische Hochgebet werden dagegen immer laut verkündet, auf daß jedermann höre und vernehme. «Haltet Schweigen» war ein rituelles Wort des Diakons bei den oft lärmigen Versammlungen der langdauernden östlichen Liturgien.

Ebenso wird jeder «Moment» in der heiligen Messe von einem laut gesprochenen Gebet des Zelebranten abgeschlossen, wozu sich die Versammlung erhebt:

– am Schluß des Eingangsritus vom Eingangsgebet (vgl. Kp. VI);

– am Schluß des Wortgottesdienstes vom «allgemeinen Gebet» oder den «Fürbitten» (vgl. Kp. VIII);

94

– am Schluß der Gabenbereitung vom Gabenge-
bet;

– schließlich am Ende der eucharistischen Liturgie vom Schlußgebet (vgl. Kp. XV).

Mit andern Worten, der vorstehende Priester
faßt, was er oder was die Versammlung eben getan
hat, in ein Gebet der Danksagung und der Bitte
zusammen: in einem Gebet, das dem Vorgang der
heiligen Messe Struktur und Gestalt verleiht, ein in
der Wir-Form gesprochenes Gebet, das sich fast
immer an Gott wendet «durch Jesus Christus unsern Herrn, in der Einheit des Heiligen Geistes».

Im folgenden Kapitel werden wir uns dem
Eucharistischen Hochgebet zuwenden. Verweilen wir hier noch einen Augenblick betrachtend
bei der Einladung des Priesters: «Lasset uns beten
zu Gott, dem allmächtigen Vater, daß er die Gaben der Kirche annehme zu seinem Lob und zum
Heil der ganzen Welt.»

Die Eucharistiefeier Ihrer Gemeinde, Ihrer
Pfarrei ist *Darbringung des Opfers der gesamten
Kirche*. Ihre Versammlung feiert also nicht, was
ein jeder oder die Gruppe während der vergangenen Woche erlebt hat; sie soll nicht *ihre* Messe
gestalten oder erfinden. Sie alle sind vielmehr
gerufen, sich in das *Handeln der ganzen Kirche*
hinein zu übersteigen, das ein Handeln Christi
selber ist, wie wir noch sehen werden. Wozu?
Wiederholen Sie sich die vielleicht schwerfaßli-
chen Worte: «Zu seinem Lob», das sich «im Heil
der Welt offenbart (wie der hl. Irenäus sagt) und
«für das Heil der Welt, in dem sich «Gottes Lob»

kundtut. Das ist das Werk, an dem mitzuwirken alle Gläubigen eingeladen sind, wenn sie «zusammengerufen» werden (das ist der Grundsinn des Wortes «Kirche») zur Feier der heiligen Messe.

Das Vatikanum II wiederholt dies auf seine Weise (LG § 11): «In der Teilnahme am eucharistischen Opfer, der Quelle und dem Höhepunkt des ganzen christlichen Lebens, bringen sie das göttliche Opferlamm Gott dar und sich selbst mit ihm; so übernehmen alle bei der liturgischen Handlung ihren je eigenen Teil, sowohl in der Darbringung wie in der heiligen Kommunion, nicht unterschiedslos, sondern jeder auf seine Art. Durch den Leib Christi in der heiligen Eucharistiefeier gestärkt, stellen sie sodann die Einheit des Volkes Gottes, die durch dieses hocherhabene Sakrament sinnvoll bezeichnet und wunderbar bewirkt wird, auf eucharistische Weise dar.»

X

Das Eucharistische Hochgebet

Wir nennen «Eucharistisches Hochgebet» den
Teil der heiligen Messe, der mit dem Wechselgebet zur Präfation beginnt: «Erhebet die Herzen ...
Lasset uns danken dem Herrn, unserem Gott ...
(darin haben wir die eigentliche Definition eines
eucharistischen Gebets!), und mit dem «Amen»
der Versammlung schließt zu dem Gott erwiese-
nen Lobpreis durch Christus in der Kraft des
Heiligen Geistes.

Vorerst sollte man sich über das Wort «Präfation» klar sein. Es bezeichnet nicht wie das französische «préface» die Einleitung zu einem Buch,
eine Art Vorwort. Hier hat das Wort den Sinn des
lateinischen «praefatio»: eines von dem zelebrie-
renden Priester vor der ganzen Versammlung mit
lauter Stimme öffentlich und feierlich verkündeten Wortes.

Es ist in der Tat Aufgabe des Bischofs oder des
Priesters – und zwar die seine allein –, dieses Gebet der Danksagung, das die ganze Versammlung
eint, feierlich vorzutragen. Weshalb?

Achten wir auf den Anfang des ersten Satzes,
der praktisch in all den verschiedenen Präfationen
identisch ist: «In Wahrheit ist es würdig und recht,
dir, Herr, heiliger Vater, allmächtiger, ewiger
Gott, immer und überall zu danken.»

Und bedenken Sie auch den Schluß dieses großen Dankgebetes: «Durch ihn und mit ihm und in
ihm ist dir Gott, allmächtiger Vater, in der Einheit

des Heiligen Geistes alle Herrlichkeit und Ehre, jetzt und in Ewigkeit. Amen.»

Ein an den Vater gerichtetes Gebet des Priesters

In diesen beiden Sätzen, dem ersten und dem letzten, entdecken wir den eigentlichen Gehalt eines jeden Eucharistischen Hochgebets, wie er sich im Lauf der Jahrhunderte stets durchgehalten hat. Das Hochgebet ist stets und ganz an den Vater gerichtet. Es wird im Namen Christi gesprochen und «durch ihn und mit ihm und in ihm» vollzogen für seine versammelte Kirche, die so seinem Opfer geeint wird im Heiligen Geist. Dieses Gebet ist Sache des Priesters.

Kraft des Weihecharakters wird er dem «Christus-Priester gleichförmig» (PO § 2). Indem er, ich wiederhole, «in persona Christi Capitis», in der Person Christi als Haupt seines Leibes handelt, führt er die Versammlung durch das Sakrament der Eucharistie in diese einzigartige Beziehung zu Christus, dem Herrn ein. Das persönliche Handeln des geweihten Dieners (Bischof oder Priester) macht der Kirche, dem Leib Christi, das Handeln ihres Hauptes, Jesu, des Sohnes gegenwärtig, der sich für sie dahingibt und sie in sein Opfer einbezieht. Diese personale und eigentümliche Rolle des Priesters – auch wenn in einer Konzelebration alle Priester als ein priesterliches Kollegium zusammenwirken – wird durch den Einsetzungsbericht ins Licht gerückt, nach dem Jesus Christus selber und persönlich sich an seine

Kirche wendet: «Das ist mein Leib, der für euch hingegeben wird. Nehmet und esset alle davon.» Es ist daher höchst bemerkenswert, daß das Hochgebet, das überlieferungsgemäß immer vom Zelebranten allein gesprochen wurde, in der ersten Person Plural, mit «wir» verfaßt ist.

Mehr als einen «Pluralis majestatis» drückt dieses «Wir» jedoch die Kommunion des Bischofs mit den Priestern und dem gesamten apostolischen Kollegium aus, das über den Frieden und die Einheit der ganzen Kirche wacht, wie zu Beginn des verehrungswürdigen Eucharistischen Hochgebets des alten «Römischen Meßkanons» gesagt wird, das ich Sie jetzt noch zu lesen bitte. Doch dieses «Wir» schließt auch das versammelte Volk ein, die universale Kirche, die Lebenden und Verstorbenen, für die der Priester bittet.

Das Zweite Vatikanische Konzil hat es kraftvoll hervorgehoben: «Der Amtspriester bildet nämlich, kraft der heiligen Gewalt, die er innehat, das priesterliche Volk heran und leitet es; er vollzieht in der Person Christi (in persona Christi) das eucharistische Opfer und bringt es im Namen des ganzen Volkes Gott dar» (LG § 10).

Die Teilnahme der Gläubigen

Auf welche Weise beteiligt sich nun die Versammlung an der Darbringung Christi, der in ihr wirkt durch den Heiligen Geist, dessen Diener der Priester ist?

Indem sie in ihrer Gesamtheit an der eucharistischen Handlung teilnimmt. Vom Beginn der Messe an wird die Versammlung durch ihren Glauben, ihre Hoffnung und Liebe zum sichtbaren Zeichen der Kirche, des Leibes Christi. Das gegenseitige Miteinbeziehen der Brüder und Schwestern Christi, die Aufnahme des Gotteswortes und das Bekenntnis des Taufglaubens haben die «zersprengten Kinder Gottes» zusammengeführt zu der einen Kirche, die fähig ist, Christus darzubringen und sich selber mit ihm. Und die heilige Messe schließt mit der Kommunion am Leib und am Blut Christi. Jeder wird auf allerpersönlichste und -innerlichste Art mit Christus vereint, um so nur noch einen einzigen Leib zu bilden: die Kirche, die bei allen Völkern verbreitet ist und alle Menschen versammelt, die Gott vom Anbeginn der Welt bis zu ihrem Ende liebt.

Es bleibt uns nun noch die Bedeutung der vokalen Beteiligung der Versammlung an dem vom Priester gesprochenen Eucharistischen Hochgebet hervorzuheben.

Zu Beginn sprechen Versammlung und Priester wechselweise, und ermuntern sich gegenseitig, Dank zu sagen:

«Erhebet die Herzen.»

«Wir haben sie beim Herrn.»

«Lasset uns danken dem Herrn, unserm Gott.»

«Das ist würdig und recht.»

Dann, am Schluß des Hochgebets, wird die Doxologie (vom griechischen Wort «doxa» – Herrlichkeit) vom Priester allein gesprochen, der dabei den Leib und das Blut Christi emporhebt: «Durch ihn und mit ihm und in ihm ist dir, Gott, allmächtiger Vater, in der Einheit des Heiligen Geistes alle Herrlichkeit und Ehre, jetzt und in Ewigkeit»; sie schließt mit dem einstimmigen «Amen» der Versammlung, einem Akt des Glaubens und Dankes.

Ein wesentliches Stück des Hochgebetes wird von der ganzen Versammlung gemeinsam mit dem Priester gesprochen: das «Sanctus» – «Heilig, heilig, heilig Gott, Herr aller Mächte und Gewalten...»

Mehr noch – der liturgische Text erinnert daran – die Anbetung der irdischen Kirche erfolgt in Einheit mit der Anbetung der unsichtbaren Schöpfung, wie sie die Schau Jesajas (6,2–3) schildert; von ihm stammt dieses Lied, eines der ältesten Stücke der Liturgie. Auch Jesus hat es beim Gebet in der Synagoge gesungen.

Die Gebete zu Christus

Aber, so werden Sie einwenden, richten sich die Gebete in der heiligen Messe nicht unmittelbar an Christus? Ja, gewiß. Prüfen wir sorgfältig, wann und mit welchen Worten. Wir haben bereits über den Bußritus am Anfang der Messe nachgedacht: die Christen flehen Christus an, er möge sie von ihren Sünden befreien. Sie erinnern sich an den Aufruf der Versammlung zu Beginn und am Ende des Evangeliums, Christus zu loben, der zu ihr spricht.

Während des Hochgebets nach der Wandlung «gedenkt» (Anamnese) die Versammlung anbetend des «gestorbenen und auferstandenen Christus. Vom Zelebranten eingeladen, dieses «Geheimnis des Glaubens» zu bekennen, wenden sich die Gläubigen an den auf dem Altar in der Eucharistie gegenwärtigen Herrn, mit den Worten: «Deinen Tod, o Herr, verkünden wir, und deine Auferstehung preisen wir, bis du kommst in Herrlichkeit.»

Endlich, vor der Kommunion, beim Brechen des konsekrierten Brotes, singt die Versammlung eine kleine Litanei, indem sie sich bittend an Christus Jesus, das Lamm Gottes, wendet. Sie bittet ihn, sich ihrer Sünde zu erbarmen und fleht: «Gib uns deinen Frieden.»

Hier müßte noch das erste der drei Gebete eingefügt werden, das der Priester früher als Vorbereitung auf die Kommunion leise sprach und das fortan, nach dem «Vater unser» laut und im Namen der ganzen Versammlung vom Priester gebetet wird: «Der Herr hat zu seinen Aposteln gesagt: Frieden hinterlasse ich euch, meinen Frieden gebe ich euch. Deshalb bitten wir: Herr Jesus Christus, schau nicht auf unsere Sünden, sondern auf den Glauben deiner Kirche und schenke ihr nach deinem Willen Einheit und Frieden...»

Falls der Priester es wünscht, kann er auch das zweite anfügen: «Herr Jesus Christus, Sohn des lebendigen Gottes... Du hast durch deinen Tod der Welt das Leben geschenkt. Erlöse mich durch deinen Leib und dein Blut von allen Sünden und allem Bösen...» Oder das dritte: «Herr Jesus Christus, der Empfang deines Leibes und Blutes bringe mir nicht Gericht und Verdammnis, sondern Segen und Heil.» Dies spricht er leise in der

demütigen Haltung des Christen, der er ist und
der sich für den Empfang des Leibes Christi bereit
macht.

Alle diese Gebete unterbrechen irgendwie die
Bewegung der Eucharistie, in der sich die Kirche
durch Christus im Geist an den Vater wendet.

Die Kirche aus Sündern wendet sich darin an
Jesus, ihren Retter; die Kirche Braut richtet sich an
Christus, ihren Bräutigam, um von ihm ihren
Anteil am Hochzeitsmahl zu empfangen.

Das Wirken des Heiligen Geistes

Die Eucharistischen Hochgebete II, III und IV, die
uralte Überlieferungen aufgreifen, heben die beiden Bitten, «Epiklesen», die sich an den Vater
richten, deutlich hervor: er möge den Heiligen
Geist auf den eucharistischen Leib und den kirchlichen Leib Christi herabsenden. Zunächst vor der
Wandlung: der Heilige Geist wolle die Gaben des
Brotes und des Weines «heiligen», damit sie Leib
und Blut des Sohnes werden. Dann, nach der
Wandlung, auf daß die Gläubigen, mit dem Leib
Christi genährt und erfüllt vom Heiligen Geist,
auch ihrerseits zu einer ewigen Opfergabe werden
zur Verherrlichung des Vaters.

Tiefer noch: die ganze eucharistische Handlung
vollzieht sich im Heiligen Geist.

Sie sehen: das Gebetsfinale «Durch ihn und mit
ihm und in ihm» verdichtet auf wunderbare Weise
das doppelte Ereignis der Eucharistie Christi, als
Akt der Kirche und Akt Gottes – Vater, Sohn,
Geist –, der uns in sein Leben einbezieht.

XI

Opfer der Danksagung

Das ganze Eucharistische Hochgebet richtet sich
an Gott, unsern Vater. Um dies besser zu verstehen, stellen wir uns drei Fragen. Wer spricht?
Wer opfert? Wer wird geopfert?

Wer spricht?

– Der Priester.

Offensichtlich, wie ich Ihnen gezeigt habe.
Doch, wenn er laut spricht, so immer in der ersten
Person Mehrzahl: «wir», «unser». Durch seinen
Mund spricht die Kirche, der ganze Leib Christi.
Im Verlauf des Gebetes wendet er sich an Gott,
den Vater, und sagt: «du», «dir». Wenn aber
Christus Jesus erwähnt wird, spricht der Priester
in der dritten Person: «Am Abend vor seinem
Leiden nahm er das Brot, sagte dir Lob und Dank,
brach das Brot, reichte es seinen Jüngern und
sprach...»

– Christus.

Doch genau in diesem Moment spricht der
Priester in der ersten Person Einzahl, um Christus
seine Stimme zu leihen und ihn selbst die Worte
der Einsetzung der Eucharistie sprechen zu lassen:
«Das ist mein Leib, der für euch hingegeben
wird... Das ist der Kelch ... mein Blut, das für
euch vergossen wird... Tut dies zu meinem Gedächtnis.»

– Die Kirche.

Durch das Amt des Priesters, der die Worte sprechen darf, die Jesus selbst gesprochen hat, wird das eine Opfer Christi sakramental für die ganze versammelte Kirche gegenwärtig. Jedes Meßopfer ist ein wahres Opfer, ohne das einmalige Kreuzesopfer zu vermehren.

So reden und handeln im eucharistischen Gebet an den Vater Christus, der Priester und die Kirche unzertrennlich zusammen. Und dieser grammatikalische Hinweis ist wichtig, denn er hilft uns, das Geheimnis zu erahnen, in das wir eintreten, dieses einzigartige Heilsmysterium, das der Kirche anvertraute Mysterium des toten und auferstandenen Christus. Ja, wahrhaftig, wie der Zelebrant uns nach der Wandlung sagt: «Geheimnis des Glaubens!»

Die Eucharistie, Opfergabe und Hinopferung

Eucharistie ist das griechische Wort für «Danksagung». Das sogenannte «Eucharistische» Hochgebet beginnt in der Präfation (vgl. Kp. X) tatsächlich mit dem Lobpreis Gottes für alle Dinge, alles Leben und besonders für das uns geschenkte Heil. Hier liegt der Grund, weshalb christliche Danksagung – das Gebet Christi selbst – nicht allein in Worten besteht, nicht bloß in einem höflichen Dankeschön an Gott für die empfangenen Wohltaten.

– Eucharistie ist wesentlich Opfergabe.

Und diese Opfergabe an Gott läßt sich in nichts

mit einem teuer erstandenen Geschenk für einen Freund vergleichen, oder mit etwas Kostbarerem noch, was mein eigen ist, so daß ich zu einem liebsten Angehörigen sagen kann: «Dies schenke ich dir, es ist mein und mir teuer wie mein Augenlicht.» Oder auch: «Für dich gäbe ich mein eigenes Fleisch.» Ja, tiefer noch, wenn Gatten zueinander sprechen: «Dir schenke ich mich», selbst wenn sie dabei ahnen, daß dieses gegenseitige Geschenk, das sie in Liebe eint und ein ganzes Leben lang wird gelebt werden müssen, der Prüfung der Zeit unterworfen ist und sich an der Undurchdringlichkeit der Personen reiben wird, an der Unmöglichkeit, durch die Sprache des Leibes und des Geistes vollends zusammenzufinden.

Die Eucharistie ist weit mehr als das. Sie ist die Opfergabe unseres ganzen Selbst an Gott: unserer Freiheit, unseres Verstandes, unseres Herzens, kurz Opfergabe all dessen, was uns durch unser Dasein schon Gott gehören und an seiner Liebe teilnehmen läßt.

Wenn wir uns so Gott zuwenden und ihm mit Christus danksagen, durch ihn, in ihm, dann ist die Eucharistie Opfergabe und zugleich Hinopferung. «Hinopferung» im stärksten Sinn des Wortes.

Nicht bloß Opferung wie bei den blutigen Schlachtopfern des Alten Bundes, sondern grundsätzlicher, ein Gott-zur-Verfügung-gestellt-Sein, ein ihm Geweiht-Sein, ein Zum-Geweihten-gemacht-Werden, wie der hl. Augustinus in seiner Definition des Opfers erklärt. Opfer heißt zum «Geweihten machen», in das Eigentum Gottes, in sein Wohlgefallen zurückführen.

Das Opfer versöhnt uns mit Gott, nicht weil unsere Opfergabe ihn zu unsern Gunsten stimmte, als wäre er käuflich! Vielmehr weil das echte Opfer vor allem und über allem ein Tun der Liebe ist, das die Sünde als Verweigerung des Dankes und damit als Gegensatz zur Eucharistie, umkehrt. Sünde heißt, sich von Gott abwenden, sich selber lieben bis zur Verachtung Gottes, bis zum Vergessen, zur Verneinung Gottes. Während Heiligkeit *Gott lieben*, sich ihm öffnen heißt, und wäre es zu einem Preis, der für den egoistischen Menschen mehr als Selbstlosigkeit zu sein scheint, nämlich «Selbstverlust» wie Jesus im Evangelium sagt (vgl. Mt 10,39).

Das wahre Opfer, das die Propheten fordern, und das von dem bei Jesaja angekündigten Gottesknecht (42,1–9; 49,1–6; 50,4–11; 52,13–53.12) vollbracht wird, ist liebende Dahingabe der Freiheit und nicht mehr vergossenes Tierblut. Jesus segnet beim Abendmahl den Kelch mit Wein mit den Worten: «Das ist mein Blut, das Blut des Bundes, das für viele vergossen wird» (Mk 14,24).

Immer wieder haben die Propheten dem Gottesvolk den Sinn des Opferkultes in Erinnerung gerufen, Hosea zum Beispiel (6,6): «Liebe will ich, nicht Schlachtopfer, Gotteserkenntnis statt Brandopfer» (von Widdern, Lämmern usf.). Für den sündigen Menschen ist das Opfer nicht bloß ein Pfand, sondern Ausdruck für den erkannten und wiedergefundenen Gott, ein Befreitwerden von der Sünde. Es stellt wieder her, was die Sünde zerstört hat, sühnt die Beleidigung, die Lästerung, das Entsetzen, das die Sünde nach sich zieht. Der Verwüstung von Gewalt und Haß setzt sie aufbauende Liebe entgegen und gibt dem Menschen seine Fülle und Herrlichkeit zurück; sie läßt ihn auferstehen. Das wahre Opfer liegt weit über den armseligen Opfergaben der Menschen, obschon diese auf Gottes Gebot hin erfolgen. Erinnern Sie sich an die im Tempel nach dem Gesetz des Mose dargebrachten Opfer! Das wahre, von Gott gewollte Opfer ist nach Ps 51,19 «ein zerknirschtes Herz»; «ein zerbrochenes und zerschlagenes Herz wirst du, Gott, nicht verschmähen», die Opfergabe eines reinen und reumütigen Herzens.

– Das Opfer Christi in der Kirche.
Dank der langen geistlichen Überlieferung, dieser geduldigen Pädagogik Gottes, verstehen wir Christus besser: «Schlacht- und Speiseopfer hast du nicht gefordert, doch einen Leib hast du mir geschaffen, an Brand- und Sündopfern hast du kein Gefallen. Da sagte ich: Ja, ich komme – so steht es über mich in der Schriftrolle –, um deinen Willen, Gott, zu tun.» Diese Worte des 40. Psalms (7–9) werden mit Recht auf Christus «bei seinem Eintritt in die Welt» (vgl. Hebr 10,5–9) bezogen.
Indem sich Jesus selbst in der Danksagung als Opfer darbringt, vollzieht er den souveränen Akt des eingeborenen Gottessohnes, des fleischgewordenen Wortes, des Retters und Erlösers, der den Menschen von seiner Sünde befreit und ihn in die volle Kommunion mit Gott einführt. Deshalb kann Augustinus schreiben: «Das wahre Opfer

108

trägt bei, uns mit Gott in heiliger Gesellschaft zu vereinen zu unserer Glückseligkeit.»

Auf die Frage: «Wer spricht im eucharistischen Hochgebet?», müssen wir antworten: der Priester. Aber es redet auch Jesus in seiner Kirche. Der Einsetzungsbericht der Eucharistie, wie er im Hochgebet aus dem Evangelium übernommen wird, ist in dieser Hinsicht überaus eindrücklich, und alle christlichen Herzen werden immer wieder dahin zurückkehren wie zu einer nie versiegenden Quelle unfaßbaren Reichtums. Lesen Sie im Neuen Testament die vier Berichte: Mattäus (26,26–29), Markus (14,22–25), Lukas (22,15–20), 1 Korintherbrief (11,23–26), und vergleichen Sie diese mit dem liturgischen Wortlaut.

Wer opfert?

– Christus.

Er bringt in der Kirche sein Leben dem Vater dar, zum Heil der Menschen. Seinen Brüdern reicht er sein Fleisch zur Nahrung: «Nehmet und esset alle davon: Das ist mein Leib»; und sein Blut gibt er zum Trank: «Nehmet und trinket alle daraus: Das ist der Kelch des neuen und ewigen Bundes, mein Blut, das für euch und für alle vergossen wird.»

– Der Priester.

Als Diener Christi und der Kirche opfert er sakramental. Seine Gebärden und Worte bedeuten dies. Am Ende des Eucharistischen Hochgebets (vgl. Kp. X), erhebt er in einer Gebärde der Darbringung das zum Leib Christi verwandelte Brot und den zum Blut Christi verwandelten Wein mit den Worten: «Durch ihn und mit ihm und in ihm ist dir, Gott, allmächtiger Vater, in der Einheit des Heiligen Geistes alle Herrlichkeit und Ehre jetzt und in Ewigkeit.»

Die versammelte Kirche antwortet: «Amen.»

Durch diesen Ruf vereinigt sie sich mit dem Opfer Christi und bringt es durch den Priester zur Verherrlichung des Vaters dar.

Wer wird geopfert?

– Christus natürlich.

Das wissen wir seit dem Zeugnis der ersten apostolischen Generation. «... So wurde Christus ein einziges Mal geopfert, um die Sünden vieler hinwegzunehmen» (vgl. Hebr 9,26–28), und nochmals: «Wir sind durch die Opfergabe des Leibes Christi ein für allemal geheiligt» (ebd. 10,10) und für die Ewigkeit im Augenblick, da er am Kreuz starb. Auferstanden von den Toten und auf immer in der Herrlichkeit Gottes, ist er in der Eucharistie gegenwärtig. Christus wird geopfert in seinem Leib und seinem Blut als «heiliges und lebendiges Opfer» (vgl. Hochgebet III).

– Die Kirche.

Als ganze Leib Christi wird auch sie mit Christus-Haupt geopfert, durch ihn, mit ihm, in ihm.

110

Wie es Paul VI. in seiner Enzyklika Mysterium Fidei (1965) ausdrückt: «... diese Kirche lernt nämlich im Opfer, das sie darbringt, sich selbst als ein universales Opfer darzubringen, und sie wendet die einzige und unendliche erlösende Kraft des Opfers des Kreuzes der ganzen Welt zum Heil zu.» Und wir wagen vor allem im Dritten Hochgebet zu sagen: «Schau gütig auf die Gabe deiner Kirche, denn sie stellt dir das Lamm vor Augen, das geopfert wurde und uns nach deinem Willen mit dir versöhnt hat.»

Und der Priester fährt fort: «Der Heilige Geist mache uns auf immer zu einer Gabe, die dir wohlgefällt.»

Jeder von uns wird als Glied des Leibes Christi geopfert und bringt sich selbst als «eine lebendige Opfergabe in Christus» dar, nach dem Ausdruck des Vierten Hochgebets, oder «als lebendiges und heiliges Opfer, das Gott gefällt» (Röm 12,1). Das Zweite Vatikanum präzisiert: «Durch den Dienst der Priester vollendet sich das geistige Opfer der Gläubigen in Einheit mit dem Opfer des einzigen Mittlers Christus, das sie mit ihren Händen im Namen der ganzen Kirche bei der Feier der Eucharistie auf unblutige und sakramentale Weise darbringen, bis der Herr kommt» (vgl. PO § 2; ebenso LG § 11 und SC § 48).

In der heiligen Messe als dem «Akt Christi und der Kirche», nach einer Wendung Pauls VI., die im Dekret «Presbyterorum Ordinis» (§ 13) wieder aufgegriffen wird, sind Danksagung und Opfer eins und vollbracht. «Denn durch ein einziges

111

Opfer hat er die, die geheiligt werden, für immer zur Vollendung geführt. Das bezeugt uns auch der Heilige Geist» (Hebr 10,14–15).

Ja, unaussprechlicher Reichtum des eucharistischen Gebets! In der Kirche, in dem in uns wohnenden Heiligen Geist, mit Christus, durch ihn, in ihm, sind wir zum Vater hingewendet und angenommen als «eine lebendige Opfergabe zum Lob deiner Herrlichkeit» (Hochgebet IV).

XII

Tut dies zu meinem Gedächtnis

Wenn wir die heilige Messe feiern, so tun wir, was Jesus beim Letzten Abendmahl getan hat, bei diesem letzten Paschamahl, das er mit seinen Aposteln feierte und dem er nach dem jüdischen Ritual vorstand. Diese Aussage führt uns viel weiter, als wir zunächst annehmen.

Wenn sich das große Danksagungsgebet, das «Eucharistische Hochgebet», in der gleichen Abfolge und den gleichen Worten in sämtlichen liturgischen Überlieferungen der Christen wiederfindet, und dies trotz ihrer Vielgestaltigkeit und den unterschiedlichen Riten, dann weil Jesus selbst so gebetet hat. In unserer Weise zu beten, fahren wir fort, das Vorbild Jesu nachzuahmen. Sein Danksagungsgebet ist sein an Gott, den allmächtigen Vater, erstatteter Dank, es ist «Gedächtnis» der vollbrachten Wundertaten von der Schöpfung an bis zum Heilsmysterium, das durch seinen hingegebenen Leib und sein Blut des Bundes, «vergossen für die vielen zur Vergebung der Sünden», vollendet wird. Dieses Ins-Gedächtnis-Rufen des Handelns Gottes nährt und begründet unser Gebet.

Nach der einleitenden Wechselrede zu Beginn des Eucharistischen Gebets betet der Zelebrant laut die Präfation (vgl. Kp. X); er dankt Gott für dessen Wohltaten, besonders dafür, daß er unser Gott ist, daß er uns zu seinem Lob erschaffen, berufen und erwählt hat, um «vor dir zu stehen und dir zu dienen», indem wir singen: «Heilig, heilig, heilig, Herr...» Dieses von der Versammlung einstimmig gesungene Sanctus ist eine der Schlüsselstellen des Eucharistischen Gebets.

«Heilig, heilig, heilig Gott, Herr aller Mächte und Gewalten. Erfüllt sind Himmel und Erde von deiner Herrlichkeit.» Diese Worte des ersten Teils des Sanctus stammen aus Jesaja (6,3). Sie erklangen im Ohr des Propheten an dem Tag, da die Herrlichkeit Gottes, das Geheimnis Gottes vor ihm im Tempel enthüllt und ihm seine Berufung zum Propheten angekündigt wird. Und da er sich als Sünder erkennt, als einen «Menschen mit unreinen Lippen inmitten eines Volkes mit unreinen Lippen» (6,5), vernimmt er den ganzen himmlischen Hof der Engelsmächte, vertreten durch die Seraphim. In einem unerhörten Gesang, dessen Widerhall eine in der jüdischen Liturgie geläufige Anrufung ist, bezeugen die unsichtbaren Geschöpfe Gottes die einzigartige göttliche Heiligkeit und beten den dreimal heiligen Gott an, «den Herrn Zebaot» – ein hebräischer Ausdruck, der bald mit «Herr aller Welt», bald mit «Gott der Heerscharen», bald mit «der allmächtige Gott» übersetzt wird. «Er ist der König der Herrlichkeit», wie der Psalmist erläutert (Ps 24,10).

«Himmel und Erde sind erfüllt von deiner Herrlichkeit.» Das gesamte Universum, weit über das hinaus, was unsere Augen und unser Verstand erfassen können, ist von der göttlichen Herrlichkeit erfüllt. Gott in seiner Fülle ist allen Dingen gegenwärtig auf Erden wie im Himmel. Nicht als wäre Gott sozusagen der Welt koextensiv, ja ihre Seele. Doch als Vater und Schöpfer hält und erhält er jedes Ding in seiner mächtigen Hand und in seiner erbarmenden Liebe.

Ein messianischer Ruf

«Hosanna in der Höhe. Hochgelobt sei, der da kommt im Namen des Herrn.» Der zweite Teil des Sanctus ist eine messianische Anrufung, sie ist dem Psalm 118 entnommen (25–26). Ich wiederhole (vgl. Kp. V), das Wort *«Hosanna»* bedeutet im Hebräischen: «Errette doch!» Es wird auch übersetzt: «Ach, Herr, bring doch Hilfe!» oder «Ach, Herr, gib doch Gelingen!» Zum Rhythmus dieses Psalms zog man am siebten Tag des Laubhüttenfests in den Tempel ein, Palmzweige in den Händen (vgl. ebd. 27). Das ist der Grund, weshalb die Menge, überlieferungsgemäß mit Palmzweigen in den Händen, diesen Gesang aufgreift, um Jesus bei seinem Einzug in Jerusalem als Messias-König, sanft und demütig auf einem Eselsfüllen, zuzujubeln: «Hosanna dem Sohn Davids! Gesegnet sei er, der kommt im Namen des Herrn. Hosanna in der Höhe!» (vgl. Mt 21,9).

Sie sehen, in sicherer geistlicher Intuition für das, was Jesus lebte und vollbrachte, hat die christliche Liturgie machtvoll und sinngemäß die beiden Schriftstellen zusammengefügt, um daraus ein zentrales und unersetzliches Element des Eucharistischen Hochgebets zu machen; sie wörtlich zu beachten, bleibt unerläßlich, sofern man die Bewegung der eucharistischen Feier nicht verfälschen will. Es ist weder vernünftig noch zulässig, diese Worte anzugleichen oder abzuändern, bloß um es der Musik leichter zu machen, oder dies aus anderen, oft zufälligen und sekundären Gründen zu tun. Gewiß, man kann alle möglichen Texte umschreiben, aber es gibt solche, die man nicht umschreiben darf; aus Anstand und Wahrheitsliebe hat man sie so zu nehmen, wie sie sind: Das Sanctus gehört zu diesen Texten. Der Ruf «Heilig» ist Teil der jüdischen Liturgie, die Jesus selbst mitgefeiert hat. Die Kirche hat dem Sanctus die spezifisch christliche, messianische Tragweite gegeben, indem sie die Verse des Ps 118 hinzugefügt hat. Wir haben also einen zugleich biblischen und kirchlichen Text vor uns, in einem literarisch wie theologisch vollendeten Aufbau.

In Jesus, dem Sohn Davids und dem Messias Gottes,läßt die Kirche aus sündigen und sterblichen Menschen – und täte sie es bloß noch mit einer Handvoll Gläubiger und mit zitternder Stimme – fortan in jeder Eucharistie den immer

116

neuen Hymnus der gesamten Schöpfung, des befreiten Alls, der erlösten Menschheit erschallen. Vereint mit der vollkommenen Anbetung der himmlischen Kirche, die wir uns unablässig vor Augen führen: «Engel und Erzengel, die himmlischen Kräfte und alle Heiligen», vereint mit der Schau der Kirche in ihrem unsichtbaren Teil, vereint mit der Danksagung aller menschlichen Freiheiten, die bereits in der Herrlichkeit des Herrn, in der Gemeinschaft der Heiligen vor dem Angesicht Gottes versammelt sind, stimmen wir ein in den Hochgesang zu Ehren des Vaters: «Heilig, heilig, heilig...», in Jesus, dem Heiligen Gottes (vgl. Jo 6,69).

Das Letzte Abendmahl und die Eucharistie heute

Beim Letzten Abendmahl sagt Jesus Dank und verherrlicht seinen Vater und unsern Vater. In einer rituellen Gebärde rekapituliert er zunächst, besser: er ruft die ganze Heilsgeschichte ins Gedächtnis, wie wir das heute noch auf unsere Weise im Vierten Eucharistischen Hochgebet tun: die Schöpfung der Welt, die Berufung Abrahams und die Errettung aus Ägypten mit dem Auszug und dem Paschamahl, das Geschenk des Bundes an das erwählte und wie ein Sohn geliebte Volk, die Hoffnung auf Heiligkeit, Gottes Gegenwart in seinem Tempel, die Verheißung des Messias und Erlösers aller Menschen, die berufen sind, Söhne im Sohn zu werden. In derselben rituellen Gebärde, nun aber sakramental, aus Liebe, opfert

117

sich Jesus selbst in diesem Brot, dem Sakrament seines hingegebenen Leibes, in diesem Wein, dem Sakrament seines vergossenen Blutes für die Vielen zum Zeichen des neuen und ewigen Bundes. Er antizipiert seinen Tod und seine Auferstehung, nimmt sein Leiden und sein Pascha voraus.

Im vorhinein schenkt Jesus seinen Aposteln an diesem Hohen Donnerstag, was er durch seinen Tod am Kreuz am Freitag und durch seine Auferstehung am dritten Tag, in der Kraft des Vaters und des Geistes vollbringt, der seinen Leib aus sterblichem Fleisch in einen Leib der Herrlichkeit verwandelt.

Wenn wir heute Eucharistie feiern, so tun wir, was Jesus vor seinem Leiden getan hat, wir vollziehen die gleichen Gebärden und sprechen dieselben Worte, folgen der Bewegung seines Gebets. Doch es genügt nicht, diese mechanisch, ja gar magisch zu wiederholen. Wenn wir dies überhaupt tun können und sollen, heute, nach seiner Passion, so weil Christus die Gegenwart seiner Passion gelebt hat, und wir, dank seiner Passion, in sein Leiden einbezogen sind durch Teilhabe an seiner Auferstehung.

Weil Christus für unsere Sünden gestorben und auferstanden ist, damit wir leben, weil das Taufsakrament uns in seinen Tod und seine Auferstehung hineingetaucht hat, bilden wir fortan die Glieder des Leibes Christi und sind zu einem neuen Volk zusammengeschlossen, zur Kirche. Von daher und auf diese Weise mit Christus vereint, können wir durch den in unsere Herzen ausgegossenen Heiligen Geist nach seinem Leiden darbringen, was er am Abend vor seinem Leiden, bevor er in den Tod ging, dargebracht hat, auf daß Gott seine Macht in seiner Auferweckung erweise. Somit ist es uns gewährt, heute und täglich, die Danksagung zu vollziehen, die Eucharistie Jesu, und das Opfer zu feiern, das er vor seinem Leiden rituell seinem Vater dargebracht hat mit dem Auftrag an die Apostel: «Tut dies zu meinem Gedächtnis.»

Die heilige Messe, Gedächtnis unserer Erlösung

Das Meßopfer bezieht uns in den Akt Jesu ein, den er vor seinem Leiden vollzog, und gibt uns Anteil am Opfer des Kreuzes und an der Macht der Auferstehung. Die Eucharistie ist gleichsam die Liturgie, die Jesus selber gefeiert hat: wir feiern sie im Gedenken an Jesus. Also ist die Messe das Gedächtnis unserer Erlösung: Gedächtnis des von Jesus gefeierten Pascha Israels, Gedächtnis des Pascha Jesu, das «zu seinem Gedächtnis» gefeiert wird, wie er es den Zwölfen aufträgt. Durch dieses Gedächtnis «empfangen» wir heute, in der Hoffnung auf seine Vollendung, das ein für allemal gewirkte Heil.

Was bedeutet das Wort «Gedächtnis»? Es läßt uns an ein Denkmal für ein vergangenes Ereignis denken. Wenn die Bibel von Gedächtnis spricht, besonders anläßlich der liturgischen Feier des Auszugs aus Ägypten im Rituale des Pascha, bekleidet sie dieses Wort mit einem weit reicheren und treffenderen Sinn. Für die Bibel und noch für das heutige Judentum bedeutet «Gedächtnis» ein «Zeichen», ein von Gott gegebenes Pfand für das, was er selbst am Ursprung unseres Heils vollbracht hat. Dieses «Zeichen» verleiht uns die Sicherheit, daß Gott dessen Wirkung in uns immerfort erneuert. Vor allem aber ist uns dieses Zeichen gegeben, damit wir es Gott immer neu vorstellen und so die Gewißheit der vollen Erfüllung des Heils für uns, in uns erlangen. Das «Pascha des Herrn» durch den Segen, den er über das Brot gesprochen hat: «Das ist mein Leib...» und über den letzten Kelch mit Wein am Schluß des Mahles: «Das ist mein Blut des Bundes...», dieses «Pascha» schenkt uns Jesus als «Gedächtnis» des Heils, das er durch seinen Tod und seine Auferstehung vollbringen wird: «Tut dies zu meinem Gedächtnis.»

Die Worte und Gebärden Jesu vor zweitausend Jahren sind der sakramentale Quell für die Treue der Kirche zu dem, was Jesus vollbracht hat. Der Apostel Paulus ist sich dessen lebhaft bewußt, wenn er den Christen von Korinth schreibt: «Denn ich habe vom Herrn empfangen, was ich euch dann überliefert habe: Jesus, der Herr, nahm in der Nacht, in der er ausgeliefert wurde, Brot, sprach das Dankgebet, brach das Brot und sagte: Das ist mein Leib für euch. Tut dies zu meinem Gedächtnis! Ebenso nahm er nach dem Mahl den Kelch und sprach: Dieser Kelch ist der Neue Bund in meinem Blut. Tut dies, sooft ihr daraus trinkt, zu meinem Gedächtnis! Denn sooft ihr von diesem Brot eßt und aus dem Kelch trinkt, verkündet ihr den Tod des Herrn, bis er kommt» (1 Kor 11, 23–26).

120

Das Gedächtnis der Eucharistie ist nicht bloße Erinnerung, sondern der sakramentale Akt, durch den das, was in der Vergangenheit ein für allemal vollbracht wurde, in der Gegenwart des kirchlichen Glaubens uns tatsächlich geschenkt wird und uns öffnet auf die Zukunft der Menschheit hin, die berufen ist, Christus dereinst in seiner Herrlichkeit zu empfangen.

XIII

Der heilige Geist und der Leib Christi

Das Eucharistische Hochgebet wird auch als «Kanon» bezeichnet, ein griechisches Wort, das «Regel» bedeutet. Es ist in der Tat nach der kirchlichen Regel formuliert und somit festgelegt. Das mag überraschen, besonders heutzutage. Die Form heutiger Zivilisation, der Einfluß der Medien lassen uns das Spontane hochschätzen. Warum sollte die Liturgie sich nicht auch nach der Art heutiger Spektakel richten, wo totale Improvisation vorherrscht (zumindest scheinbar)? Verständigen wir uns gut über das Wort «festgelegt».

Einerseits heißt «festgelegt» ritualisiert. Wie wir im vorigen Kapitel gesehen haben: Wenn die Kirche Eucharistie feiert, tut sie es mit den Gebärden und Worten des Gebetes Jesu, wie sie uns durch die apostolische Überlieferung vermittelt wurden. Als er mit den Zwölfen das Abendmahl feierte, folgte Jesus dem jüdischen Pascharitus, der genau und bis in die Einzelheiten gesetzlich geregelt war. Aus diesem Grund gibt es im Eucharistischen Hochgebet keinen Raum für Improvisation. Manche Historiker haben das Gegenteil behauptet und stützten sich dabei auf eine Stelle bei Justin (Apologie I,67 aus der Mitte des 2. Jahrhunderts): «Der Vorsteher spricht Gebete und Danksagungen mit aller Kraft...» Wie es sich mit dem genauen Sinn der Stelle verhalten mag – nichts läßt darin auf den Ausdruck subjektiver Phantasie oder kreativer Spontaneität schließen (die

«Apostolische Überlieferung» Hippolyts von Rom legt übrigens schon zu Beginn des 3. Jahrhunderts ein als orthodox gesichert geltendes Gebetsformular vor).

Anderseits heißt «festgelegt» nicht «vereinheitlicht». Seit dem Urchristentum hat sich die liturgische Überlieferung je nach Kulturen und Sprachen recht unterschiedlich entwickelt. Denken Sie an die semitischen Riten vor allem der Antiochener Überlieferung, an den koptischen, den armenischen Ritus, die zwei großen Familien des griechisch-byzantinischen Ritus (der ins Arabische und in verschiedene slawische Sprachen usf. übersetzt wurde) und an den lateinischen Ritus... Vergessen wir ferner nicht, auch innerhalb der byzantinischen wie der lateinischen Überlieferung gibt es sehr unterschiedliche, oft eigenständige Formeln.

Dieser Sachverhalt sollte uns helfen, weniger absolut Stellung zu nehmen und im Hinblick auf die liturgischen Sprachen im allgemeinen und das Latein im besonderen den richtigen Ton wiederzufinden. In den ersten Zeiten der Kirche ist nicht Latein die liturgische Sprache, sondern das Hebräische und Griechische, ganz zu schweigen von andern alten Sprachen wie dem Syrischen, Aramäischen, Chaldäischen usf. Man muß wissen, daß die Kirche von Rom in griechischer Sprache zelebriert hat, bevor sie zum Latein überging. Diese verschiedenen Überlieferungen innerhalb der Liturgie sind im einzigartigen großen Erbe der Kirche überaus kostbar.

So überleben innerhalb des lateinischen Ritus,

dem Ritus der Völkerschaften des alten Römischen Westreichs, vielfältige Riten mit ungeahnten Reichtümern, die nur Spezialisten erschlossen sind.

Ich erwähne nebenbei den Ambrosianischen Ritus, der in Mailand noch verwendet wird (ich habe mit Kardinal Martini und mehreren andern europäischen Bischöfen zusammen den feierlichen Vespergottesdienst gefeiert, der für die meisten eine Überraschung war), den mozarabischen Ritus in Spanien usf. Übergehen wir die Frankreich eigenen Riten, die zum Teil bis ins 19. Jahrhundert überdauert haben (so kannte das Proprium von Orléans noch einen Versöhnungsritus für die Büßer am Hohen Donnerstag). Die Kirche von Lyon hat ihren Ritus beibehalten; auch der Ritus der Dominikaner und derjenige der Kartäuser sind noch unvergessen.

Also keine Rede davon, daß wir ein festgelegtes, «kanonisches» Eucharistisches Hochgebet, das der kirchlichen Regel gehorcht, einfach als «Einheitlichkeit» werten können. Gott sei Dank gibt es vielerlei Gebetsarten und Sprachen nebeneinander.

Die wahre Tradition

Um diese Erörterung abzuschließen, noch ein aktuelles Thema: die Enzyklika Johannes Pauls II. «Slavorum Apostoli» in Erinnerung an das Werk der Evangelisierung der hl. Cyrill und Methodius, deren 11. Zentenarfeier wir 1985 begangen haben. Ich greife auf die im V. Kapitel gemachte Anspielung zurück, denn es gilt jetzt, aus diesem Jahrestag eine Lehre zu ziehen. Die Bischöfe Germaniens, die zur Evangelisierung der slawischen Völker im 9. Jahrhundert Missionare aussandten, vertraten mit Nachdruck die Ansicht, nur drei liturgische Sprachen seien zulässig: Hebräisch, Griechisch und Latein; da sie sich selber des Lateins bedienten, wollten sie diese Sprache durchsetzen. Die Byzantiner ihrerseits waren Vertreter des Griechischen. Obwohl in der byzantinischen Kultur großgeworden, hatten Cyrill und Methodius die apostolische Intuition – die vom Papst kräftig unterstützt wurde –, das Evangelium und die Liturgie in die Sprache der Slawen zu übersetzen, damit diese Völker in ihrer eigenen Sprache beten konnten. Diese Sprache war aber noch nicht schriftlich festgelegt. Cyrillus erfand dafür die glagolitische Schrift. Der Versuch erwies sich als so fruchtbar, daß die aus dem glagolitischen Alphabet entwickelten Schriftzeichen heute noch als «kyrillische» bezeichnet werden.

Es jedem Volk dieser Erde zu ermöglichen, die Großtaten Gottes in seiner Muttersprache zu hören und in dieser auch einen Herrn, einen Geist, einen Glauben, eine Taufe, ein Opfer Christi, einen Gott und Vater zu verkünden, ist keineswegs eine mehr oder weniger verdächtige Neuerung des Vatikanischen Konzils, sondern die unerläßliche Treue an die allerälteste christliche Tradition, die im Pfingstereignis ihre Wurzel hat. An einer so rechtmäßigen Forderung Anstoß nehmen, heißt die christliche Geschichte grundsätzlich verkennen, wie auch Gottes Weise, die verschiedenen Völker durch seinen Heiligen Geist zu einem einzigen Leib zu versammeln. Die Eigenart eines jeden Volkes bereichert den gemeinsamen Schatz der Kirche Jesu Christi.

In ihrer festgelegten, ritualisierten Form bleiben die Eucharistischen Hochgebete vielgestaltig. In unserer westlichen, lateinischen Liturgie teilen sie sich in zwei Hauptarten:

Einerseits das Erste Hochgebet, der alte «Kanon» oder «Römische Kanon». Als sehr frühe, von der syrischen Liturgie abhängige Fassung, die ihrerseits der Urkirche von Jerusalem und Damaskus entstammt, wurde es direkt in die Kirche von Rom «importiert», wenn ich so sagen darf, für die es zum offiziellen Gebet wurde. Deshalb ist ihm der Name «Römischer Kanon» geblieben.

Andererseits die Hochgebete II, III und IV, die nach dem Zweiten Vatikanischen Konzil neu verfaßt wurden und Gültigkeit erlangt haben. Diese drei Gebete leiten sich von ausgewogenen griechischen Vorlagen ab. Das Zweite Hochgebet wird uns in der «Apostolischen Überlieferung» des Hippolyt von Rom (Anfang des 3. Jahrhunderts) überliefert, die Gebete III und IV in den «Apostolischen Konstitutionen» (Ende des 5. Jahrhunderts).

Das wären die vier hauptsächlichsten Hochgebete. Nochmals möchte ich Sie auffordern, sie zu lesen.

Wie ich Ihnen im vorigen Kapitel gesagt habe, stellt das Vierte Hochgebet in sehr linearer Form die Danksagung Jesu vor, die hier zur Danksagung der Kirche wird. Diese entsinnt sich der ganzen heiligen Geschichte des Alten Bundes und des Heilswerkes bis zur Hingabe des Sohnes: «Er hat sich dem Tod überliefert, durch seine Auferstehung den Tod bezwungen und das Leben neu geschaffen.» Der von Gott am Sinai eingegangene Bund erfüllt sich im Neuen Bund – wie es die Propheten Ezechiel (36,27; 37,26) und Jeremia (31,31) geweissagt haben – durch Eingießung des Geistes in unsere Herzen.

Der Priester erinnert mit folgenden Worten daran: «Damit wir uns nicht mehr selber leben, sondern ihm, der für uns gestorben und auferstanden ist, hat er von dir, Vater, als erste Gabe für alle, die glauben, den Heiligen Geist gesandt, der das Werk deines Sohnes auf Erden weiterführt und die Heiligung vollendet.» Deshalb wird der Zelebrant – der Priester, der durch die Weihe die Vollmacht dazu empfangen hat – den Vater zweimal bitten, den Heiligen Geist zu senden («Epiklese» heißt «Herabrufung»), an zwei bestimmenden Momenten der eucharistischen Liturgie.

– Ein erstes Mal unmittelbar vor der Einsetzung der Eucharistie, also auf die Wandlung hin, fleht der Priester zu Gott: «So bitten wir dich, Vater: der Geist heilige diese Gaben.» Und indem er die Hände über Brot und Wein ausbreitet, fährt er fort: «Damit sie uns werden Leib und Blut unseres Herrn Jesus Christus, der uns die Feier dieses Geheimnisses aufgetragen hat als Zeichen des ewigen Bundes.»

– Ein zweites Mal nach der Wandlung, auf die Kommunion hin, ruft der Priester den Heiligen Geist auf den kirchlichen Leib Christi herab, nämlich auf «alle, die Anteil erhalten an dem einen Brot und dem einen Kelch» und so «ein Leib werden im Heiligen Geist, eine lebendige Opfergabe in Christus zum Lob deiner Herrlichkeit.» Kurz, der kirchliche Leib soll zum Leib Christi werden. Dies lehrte der hl. Augustinus seine Neugetauften (Sermo 272): «Empfangt, was ihr seid. Werdet, was ihr empfangt, Leib Christi.»

Wir sind die pfingstliche Kirche, in ihrer Mitte lebt der auferstandene Christus, verborgen in der Herrlichkeit des Vaters. Der Heilige Geist ist es, der diese Gegenwart Christi unter den eucharistischen Gestalten wie auch in der Wirklichkeit seines kirchlichen Leibes schenkt. Wenn man durch die Anrufung des Heiligen Geistes das Sakrament des Leibes Christi und die Kirche als Leib Christi zusammenrückt, so zeigt sich, wie sehr in der Meßliturgie der eucharistische Leib – die Realpräsenz Christi – Pfand und Gewähr ist für seine Gegenwart im kirchlichen oder mystischen Leib. Sonst würde sich der Leib zum Haupt machen, die Kirche zu Christus, die Braut zum Bräutigam. Sonst wäre die Eucharistie nicht das Sakrament der Liebe des immer lebendigen Herrn, sondern bloß nostalgische Erinnerung an eine längst entschwundene Gegenwart.

Daran erinnert wesentlich – wir dürfen das nicht vergessen – das Allerheiligste Altarssakrament, das im Tabernakel unserer Kirchen und Kapellen aufbewahrt und angebetet wird bis zur nächsten Eucharistiefeier: einmal, damit Gläubige, die nicht in der Lage sind, an der heiligen Messe teilzunehmen, dennoch mit dem Leib Christi, der zu ihnen gebracht wird, gespeist werden können, dann aber weit mehr noch als die sakramentale Gegenwart Christi inmitten seiner Kirche.

Die Kirche, als mystischer Leib Christi, betet nicht sich selbst an, sondern den in seinem Leib und in seinem Blut real gegenwärtigen Christus, den sie im Sakrament der Eucharistie empfängt und der ihr Leben ist. Die Kirche als ganze ist auf ihren Herrn und Meister bezogen. Die Kirche ist nicht Christus, sie ist Braut Christi: dies macht ihre Schönheit und ihre Größe aus, die vom Heiligen Geist immerfort von Eucharistie zu Eucharistie neu geschaffen werden.

XIV
Kommunion und Friede Christi

Die heilige Messe ist ein Opfer der Danksagung, das die Kirche zum Gedächtnis Christi in der Vollmacht des Heiligen Geistes vollzieht. Das haben wir im Lauf der drei letzten Kapitel – den Ablauf der Liturgie gleichsam unterbrechend – zu erhellen versucht. Wir hatten (Sie erinnern sich, in Kp. X) mit dem eigentlichen Eucharistischen Hochgebet abgeschlossen. Wir gelangen nun zum «Moment» der Kommunion.

Das Vater unser

Warum beginnen wir ihn mit dem «Vater unser»? Weil die Kommunion, als ein ganz persönlicher Akt (jeder wird eingeladen, Christus, der sich in seinem Leib und Blut schenkt, zu empfangen), zugleich ein wesentlich kirchlicher Akt ist (kommunizierend werden wir ganz eins mit Christus, und in ihm bilden wir einen einzigen Leib mit allen christlichen Brüdern, die Kinder desselben Vaters sind).

Der physische Vorgang des Essens erlaubt, nicht bloß die geistliche Wirklichkeit, sondern auch den Realismus des Glaubens zu verstehen: unser ganzes leibliches Sein wird vom auferstandenen Christus restlos ergriffen. «Wir werden zu dem, was wir empfangen», nach dem bereits erwähnten Wort Augustins. Wir werden von Chri-

130

stus ergriffen, dessen Leib wir nehmen und essen. Denn diese Nahrung ist «wahre Speise», wie Jesus, «das Brot des Lebens», es seinen Jüngern in der Synagoge von Kafarnaum erklärt: «Wer mein Fleisch ißt und mein Blut trinkt, hat das ewige Leben..., er bleibt in mir, und ich bleibe in ihm» (Jo 6,54.56). Die Kommunion ist Mitteilung des Lebens, ist «Symbiose» in beiden Richtungen: Das Leben Christi wird zu unserem Leben, und unser Leben wird zu Christi Leben. So sehr, daß der Apostel Paulus seinen christlichen Brüdern in Galatien zu gestehen wagt: «Nicht mehr ich lebe, sondern Christus lebt in mir» (Gal 2,20).

Nun haben wir uns noch unmittelbar auf diese Einigung mit Christus vorzubereiten, den wir im Eucharistischen Hochgebet dargebracht haben, und mit dem zusammen wir dem Vater dargebracht werden. Deshalb nehmen wir teil an dem Gebet, das er selber uns hinterlassen hat, und sprechen das «Vater unser»: es ist ein Gebet Jesu, Gebet des Hauptes Christus, das zum Gebet seines Leibes geworden ist, das einzige Gebet des eingeborenen Sohnes Gottes, das zum gemeinsamen Gebet aller Söhne Gottes, der Brüder und Schwestern Jesu, geworden ist. Der Auferstandene hat es klar gesagt: «Mein Vater und euer Vater» (vgl. Jo 20,17): er selber hat uns beigebracht (vgl. Mt 6,9 f), «Vater unser» zu sagen, und es in Gemeinschaft zu sagen.

So machen wir uns vor der Kommunion die Worte zu eigen, die in unserer Menschheit den Sinn seines hingegebenen Daseins ausdrücken, die

Hoffnung seiner Sohnesliebe, seine dem himmlischen Vater dargebrachte Freiheit. Wie könnten wir uns besser auf seinen Empfang vorbereiten, als indem wir eintreten in sein, des geliebten Sohnes Gebet?

Gebet und Anrufung

Nach dem von der ganzen Versammlung gesprochenen oder gesungenen «Vater unser» fährt der Priester allein und laut fort: «Erlöse uns, Herr, von allem Bösen und gib Frieden in unseren Tagen...»

Dieses Gebet in seiner jetzigen Form geht auf das 5. Jahrhundert zurück. Nach häufigem Brauch im christlichen Altertum, entwickelt und erweitert es (was als «Embolismus» bezeichnet wird) die letzte Bitte des «Vater unser»: «Erlöse uns von dem Bösen», daher die ersten Worte dieses Gebets: «Erlöse uns, Herr, von allem Bösen...» Von der Kirche Roms zu einer Zeit verfaßt, da sie unter den Einfällen der Barbaren litt, ist es ein inständiges Flehgebet, damit sie in den Prüfungen standzuhalten vermöge. «Gib Frieden in diesen Tagen» ist ein durch diese Umstände bedingtes Gebet, damit wir «vor Verwirrung und Sünde» bewahrt bleiben.

Das Gebet fährt fort: «... exspectantes beatam spem et adventum Salvatoris nostri Jesu Christi» – «in Erwartung der seligen Hoffnung und der Ankunft unseres Erlösers Jesus Christus».

«In Erwartung der seligen Hoffnung» heißt es,

was mit «voll Zuversicht erwarten» wiedergegeben wird, eine Interpretation, die den vollen Sinn der Aussage nicht zu vermitteln vermag. In Wirklichkeit übernimmt der liturgische Text den Ausspruch des hl. Paulus im Titusbrief: «... als Menschen, die auf die selige Hoffnung harren» (2,13), was die folgenden Worte erhellen, «und auf die Epiphanie der Herrlichkeit unseres großen Gottes und Heilandes Jesus Christus» (ebd.). Diese Stelle wird in der Weihnachtsnacht vorgelesen, ist also mit «voll Zuversicht erwarten» nur mangelhaft übersetzt. Täuschen wir uns nicht, «die selige Hoffnung» ist die Auferstehung der Toten, die uns durch Christus geschenkt ist, wie Paulus vor dem Sanhedrin erklärt: «Wegen der Hoffnung und der Auferstehung der Toten stehe ich vor Gericht» (Apg 23,6).

Hier erlaube ich mir nebenbei eine Bemerkung zur schwierigen Kunst des Übersetzens. Zum ganzen Missale und Lektionar wären fortlaufend solche Bemerkungen anzubringen. Was die große Bedeutung der vergangenen (und kommenden) Arbeit der Exegeten und Übersetzer nur unterstreicht. Wir können uns nur wünschen – gerade in einer Zeit, da die Sprachen sich so rasch wandeln – daß dieses sorgfältige Studium zu einer genauesten Übertragung der lateinischen, griechischen, hebräischen Urtexte durch neue Generationen von Gelehrten vorangetrieben werde.

Nach diesem Gebet des Priesters fällt die ganze Versammlung ein: «Denn dein ist das Reich und

die Kraft und die Herrlichkeit in Ewigkeit.
Amen.» Es ist richtig, daß diese von den ältesten
Manuskripten überlieferte und bis zur Reforma-
tion beibehaltene Doxologie nach dem «Vaterun-
ser» wieder aufgegriffen wurde. So oder ähnlich
kommen diese Worte oft in der Schrift vor, etwa
Apk 1,6: «Ihm sei die Herrlichkeit und die
Macht»; ebd. 4,11: «Würdig bist du, unser Herr
und Gott, Herrlichkeit zu empfangen und Ehre
und Macht» (u. a. auch ebd. 5,13; 7,12; 19,1).

Zur vollkommenen Einheit

Hier gelangt das Eucharistische Hochgebet, im
Namen Christi gesprochen und in der Kraft des
Heiligen Geistes an den Vater gerichtet, zu seinem
Abschluß. Wir machen gleichsam eine Pause und
wenden uns an den Herrn Jesus Christus, der
unter uns gegenwärtig ist und sich uns in seinem
Leib und Blut schenken will. Laut und im Namen
aller verrichtet der Zelebrant das Gebet (früher
eines der drei unmittelbar der Kommunion des
Priesters vorausgehenden, leise gesprochenen Gebete, vgl. Kp. X): «Der Herr hat zu seinen Aposteln gesagt: Frieden hinterlasse ich euch, meinen
Frieden gebe ich euch ... Schau nicht auf unsere
Sünden, sondern auf den Glauben deiner Kirche.»
Keiner von uns wagte zu sagen: «Schau auf meinen Glauben», ja nicht einmal: «Schau auf unsern
Glauben», den unsern als den dieser bestimmten
kirchlichen Gemeinde. Wer könnte sich vor Gott
rühmen, genug Glauben zu haben, um seine er-

barmende Liebe zu empfangen? Das vermag einzig der Glaube der ganzen Kirche, die Braut Christi und unsere Mutter ist: «... unaufhörlich ermahnt sie ihre Söhne zur Läuterung und Erneuerung, damit das Zeichen Christi auf dem Antlitz der Kirche klarer erstrahle» (LG § 15), allein die Kirche hat das Maß des erflehten Verzeihens für unsere Sünden und des uns geschenkten Leibes Christi.

«Schenke ihr Einheit»: Warum diese Bitte um Einheit der Kirche? Weil Christus allein durch seinen hingeopferten Leib die «versprengten Kinder» (vgl. Jo 11,52) versammeln kann. Es ist also normal, daß wir ihn in dem Augenblick um unsere Einheit in seiner Kirche bitten, da wir am Leib Christi, an dem einen Brot und dem einen Kelch Anteil bekommen. Deshalb verweist Paulus auf den Symbolismus der eucharistischen Feier zur Darstellung der kirchlichen Einheit: «Ist der Kelch des Segens, über den wir den Segen sprechen, nicht Teilhabe am Blut Christi? Ist das Brot, das wir brechen, nicht Teilhabe am Leib Christi? Ein Brot ist es. Darum sind wir viele ein Leib; denn wir alle haben teil an dem einen Brot» (1 Kor 10,16–17).

Ein jeder von uns empfängt den Leib Christi, ganz gegenwärtig in jedem Partikel der Hostie (vom lateinischen *hostia*, Opfergabe, Opfer), nämlich des konsekrierten Brotes. Wir sind im einzigen Leib des auferstandenen Christus vereint; in seinem Blut am Kreuz hat er über das Trennende – Sünde und Tod – triumphiert (vgl. Eph 2,13–14). Einzig das Sakrament der Eucharistie, sofern es in diesem Glaubensverständnis dargelegt und erfaßt wird, begründet und erbaut die kirchliche Einheit. Christus allein vermag seine Kirche und ihre Gläubigen zur vollendeten Einheit zu führen; er, der menschgewordene Sohn Gottes, ist allein bis zum Ende des Opfers der Communio gegangen: «Ich heilige mich für sie, damit auch sie in Wahrheit geheiligt sind» (Jo 17,19).

Der geschenkte und geteilte Friede

Nach dem Gebet für den Frieden in unserer Zeit und für die Einheit der Kirche, spricht der Zelebrant zur Versammlung: «Der Friede des Herrn sei allezeit mit euch.» Ich habe Ihnen im Zusammenhang mit der Begrüßung des Priesters am Anfang der heiligen Messe schon erklärt (vgl. Kp. IV), wie reich an Schönheit und Sinn diese Worte sind; wieviel mehr noch jetzt, da Christus bereit ist, sich seiner Kirche als Speise zu schenken.

Darauf lädt der Priester die Gläubigen ein, den Frieden, den uns Christus schenkt, durch ein Zeichen auszutauschen: «Gebt einander ein Zeichen des Friedens und der Versöhnung.» Diese Gebärde, so unmitelbar vor der Kommunion, wird uns nun verständlich. Ein Zeichen des Friedens auszutauschen ist eine alte Gebärde. Die Liturgie beschränkte sie früher auf den Zelebranten und die im Chor versammelten Geistlichen und Priester. Aber keine Regel verbot, sie, sofern man es wünschte, auch auf die Gesamtheit der Gläubigen auszudehnen. So tun wir es nunmehr mit Freude. Denn diese Gebärde ist bedeutungsschwer. Sie ist nicht eine Gebärde von Leuten, die sich über ein Wiedersehen freuen und sich beglückwünschen, sich gleichsam auf den Rücken klopfen mit den Worten: «Wie gut ist es, hier zusammenzusein!» Nein. Wir teilen ja nicht einen Frieden, den wir selber mit starker Hand herbeizuführen gedenken – dazu sind wir völlig unfähig! «Ich gebe euch meinen Frieden, nicht wie die Welt ihn gibt...», sagt Christus. Er hat uns den Frieden gegeben, und wir teilen ihn als einzigen Frieden, den wir überhaupt teilen können: wir erhalten ihn von Christus als ein überaus kostbares Geschenk, das uns umwandelt und fähig macht, uns gegenseitig anzunehmen, trotz oder mitsamt unseren Antagonismen und menschlichen Streitigkeiten.

So von Christus ergriffen, der uns seinen Frieden schenkt und uns in einen einzigen Leib mit denen vereint, die uns als Brüder gegeben sind, werden wir zu Friedensstiftern. Und im einzigen Leib Christi kommunizierend, werden wir im Sakrament das empfangen, was uns zuvor in der Hoffnung und als Pfand auf das Wort Christi hin geschenkt worden war.

Die Kommunionriten

Nach der Litanei des Agnus Dei soll jeder, der will, nach vorn gehen, um zu kommunizieren, nach kirchlichem Brauch und seinem eigenen

Empfinden entsprechend: in den Mund nach einer im Mittelalter entstandenen Gewohnheit, oder auf die ausgestreckte Hand in der schönen Haltung, von der uns Cyrill von Jerusalem berichtet: «Da die rechte Hand den König im Empfang nehmen soll, so mache die linke Hand zum Throne für denselben! Nimm den Leib Christi mit hohler Hand entgegen und antworte: Amen!» (V. Myst. Katechese 21).

Beide Arten zu kommunizieren sind von der Kirche gleichermaßen zugelassen. Jeder soll in voller Freiheit handeln, um mit allergrößter Ehrfurcht aus der Hand des Priesters oder eines Dieners den Leib Christi zu empfangen. Nie geben sich die Christen die Kommunion selber: man «nimmt» sich die Eucharistie nicht, man «gibt» sie sich nicht selber. Man empfängt sie von Christus, der im Diener dargestellt ist.

Seit dem Zweiten Vatikanum verlangt das neue Ritual, daß der Befehl Christi: «Nehmet und esset...» und «Nehmet und trinket...» vollzogen werde. In den Riten der westlichen Kirche ist somit die Kommunion mit dem Leib und mit dem Blut Christi nicht mehr auf den Priester beschränkt, sondern wird öfter auch den Gläubigen angeboten. Es ist tatsächlich eine große Gnade, die erleuchtende Kraft des Sakraments in seiner Fülle unter beiden Gestalten zu empfangen, wobei auch der nur den Leib Christi Empfangende voll mit dem ganzen Christus kommuniziert.

Psalmgesang kann den Kommuniongang beglei-
ten oder die Danksagung unterstützen. Doch
nichts soll die Sammlung von einigen Minuten
nach der Kommunion stören oder ersetzen, «ein
einzigartiger Moment, da die Heiligkeit Christi
sich in uns einsenkt, uns läutert, uns erleuchtet
und stärkt in einem schweigenden Herz zu Herz»,
wie mir ein Hörer anvertraut hat. Er fährt fort:
«Mir scheint, wenn ein Gläubiger unmittelbar
nach der Kommunion die Ansagen für die kommenden Woche anhören muß, so kann er das
gleichsam als einen Mangel an Ehrfurcht ihm
selbst und vor allem dem in ihm gegenwärtigen
Herrn gegenüber empfinden. Sollte ein Ungläu-
biger, der über unsern Glauben Bescheid weiß,
sich in diesem Moment in der Kirche aufhalten
und dies bemerken, müßte er sich nicht darüber
wundern und es als gedankenlose Leichtfertigkeit
empfinden?»

Ein letztes Gebet des Zelebranten sammelt das
Gebet der Gläubigen: «Selig, die zum Hochzeitsmahl des Lammes geladen sind.» Nachdem er
ihnen den Segen Gottes des Vaters, des Sohnes
und des Geistes gespendet hat, verabschiedet er sie
im Namen Christi: «Geht hin (nicht gehen wir)
im Frieden.»

Mit einem letzten Ruf der Freude und des
Glaubens drückt die Versammlung ihre Dankbarkeit für diese Eucharistie aus: «Dank sei Gott, dem
Herrn.» Wir Christen des Jahres 2000, wir Christen der S-Bahn und der Massen, wir Christen, die

zu einer Welt der Anonymität gehören – die Gnade ist uns geschenkt, uns zu erkennen und zu finden, uns als Brüder zu lieben in Christus durch den Heiligen Geist in jeder Eucharistie, «dem Quell und Höhepunkt des ganzen christlichen Lebens» (LG § 11). In der Kirche.

Zum Lobpreis Gottes und zum Heil der ganzen Welt.

Die Darstellung auf dem Umschlag ist dem Werk der hl. Hildegard «Scivias» (Wisse die Wege, 13. Jh.) entnommen, mit freundlicher Genehmigung des Otto Müller Verlags Salzburg.